WOLFGAN

TOTALITARISMUSTHEORIEN

WOLFGANG WIPPERMANN

TOTALITARISMUSTHEORIEN

Die Entwicklung der Diskussion
von den Anfängen bis heute

PRIMUS
VERLAG

Einbandgestaltung: Jutta Schneider, Frankfurt.

Die Deutsche Bibliothek – CIP-Einheitsaufnahme

Wippermann, Wolfgang:
Totalitarismustheorien: die Entwicklung der Diskussion von den Anfängen bis heute / Wolfgang Wippermann. – Darmstadt: Primus Verl., 1997
ISBN 3-89678-053-0

Gedruckt auf säurefreiem und alterungsbeständigem Werkdruckpapier
Printed in Germany

ISBN 3 89678 053 0

INHALT

EINLEITUNG

Überwundene Theorie?
Zu den Zielen und zum Aufbau der Arbeit

1972 habe ich Ernst Nolte gelobt, weil er die „Totalitarismustheorie überwunden" habe.[1] Das war ein Irrtum: Die Totalitarismustheorie ist keineswegs „überwunden" worden und am allerwenigsten durch Ernst Nolte. Es ist statt dessen zu einer „Renaissance der Totalitarismustheorie" gekommen.[2] Einige Beobachter verkünden bereits den „stillen Sieg eines Begriffs",[3] der noch vor einigen Jahren durch die „Faschismusformel" ersetzt worden schien.[4]

Dieser „stille Sieg" kündigte sich zwar schon in den 80er Jahren an, wurde aber vor allem durch den Zusammenbruch des Kommunismus beschleunigt. Seitdem sind zum einen verschiedene Studien und Sammelbände über die Totalitarismustheorien herausgegeben worden.[5] Außerdem wurde die Kommunismusforschung intensiviert, wobei verschiedene frühere Urteile über seine Reform- und Lebensfähigkeit korrigiert wurden. Dies gilt insbesondere für die neue DDR-For-

[1] Wolfgang Wippermann, Faschismustheorien. Zum Stand der gegenwärtigen Diskussion, Darmstadt 1972, S. 77. Diese Fehleinschätzung wurde in der 5., völlig neu bearbeiteten Auflage 1989 korrigiert.

[2] Uwe Backes/Eckhard Jesse, Totalitarismus und Totalitarismusforschung. Zur Renaissance einer lange tabuisierten Konzeption, in: Jahrbuch für Extremismus und Demokratie 4, 1992, S. 7–27; Eckhard Jesse (Hrsg.), Totalitarismus im 20. Jahrhundert. Eine Bilanz der internationalen Forschung, Bonn 1996.

[3] Jürgen Braun, Stiller Sieg eines Begriffes, in: Das Parlament 11./18. 11. 1994.

[4] Karl Dietrich Bracher, Zeitgeschichtliche Kontroversen. Um Faschismus, Totalitarismus, Demokratie, München 1976, S. 33; Hans Maier, Konzepte des Diktaturvergleichs: „Totalitarismus" und „Politische Religionen", in: Ders. (Hrsg.), „Totalitarismus" und „Politische Religionen". Konzepte des Diktaturvergleichs, Paderborn 1996, S. 233–250, S. 233.

[5] Die wichtigsten sind: Maier (Hrsg.), „Totalitarismus" und „Politische Religionen"; Bernhard Marquardt, Der Totalitarismus – ein gescheitertes Herrschaftssystem. Eine Analyse der Sowjetunion und anderer Staaten Ost- und Mitteleuropas, Bochum 2. Aufl. 1992; Eckhard Jesse (Hrsg.), Totalitarismus im 20. Jahrhundert. Eine Bilanz der internationalen Forschung, Bonn 1996.

schung, die sich teilweise des alten Totalitarismuskonzepts bedient und Vergleiche zwischen der DDR und dem Dritten Reich zieht, was vor einigen Jahren völlig undenkbar war und während des „Historikerstreits“ selbst von Nolte nicht vorgeschlagen worden ist.[6]

Parallel zur „Renaissance“ der Totalitarismustheorien hat sich in den letzten Jahren die Kritik an der Legitimität eines generischen Faschismusbegriffs verstärkt.[7] Sie wurde zwar schon in den 80er Jahren geäußert,[8] doch jetzt häufen sich die Stimmen, die im Faschismus „nur ein Schlagwort“ sehen wollen,[9] weshalb allenfalls ein „Rückblick auf die Faschismusforschung“ angebracht sei.[10] Andere meinen gar, daß

[6] Jürgen Kocka, Die Geschichte der DDR als Forschungsproblem. Einleitung, in: Ders. (Hrsg.), Historische DDR-Forschung. Aufsätze und Studien, Berlin 1993, S. 9–26; Arnold Sywottek, „Stalinismus“ und „Totalitarismus“ in der DDR-Geschichte, in: Deutsche Studien H. 117/118, 1993, S. 25–38; Wolfgang Wippermann, Zur Kritik der Totalitarismustheorie, in: Der einäugige Blick. Vom Mißbrauch der Geschichte im Nachkriegsdeutschland. 3. Buchenwald-Geschichtsseminar 1992, Weimar 1993, S. 15–18; Eckhard Jesse, War die DDR totalitär?, in: Aus Politik und Zeitgeschichte B 40/7. Oktober 1994, S. 12–33; Ralph Jessen, DDR-Geschichte und Totalitarismustheorie, in: Berliner Debatte Initial 4/5 1995, S. 17–24; Wolfgang Wippermann, Ist Rot gleich Braun? Totalitarismus-Theorien und ihre Renaissance, in: Evangelische Kommentare 7/1995, S. 386–388.

[7] Vgl. dazu: Wolfgang Wippermann, Faschismustheorien. Zur Entwicklung der Diskussion von den Anfängen bis heute, 7., überarbeitete Auflage, Darmstadt 1997.

[8] Institut für Zeitgeschichte (Hrsg.), Totalitarismus und Faschismus. Eine wissenschaftliche und politische Begriffskontroverse. Colloquium im Institut für Zeitgeschichte, München 1980.

[9] Darstellung und Kritik dieser Thesen bei: Wolfgang Wippermann, Faschismus – nur ein Schlagwort? Die Faschismusforschung zwischen Kritik und kritischer Kritik, in: Tel Aviver Jahrbuch für Deutsche Geschichte 16, 1987, S. 346–366; ders., Faschismustheorien in systematischer Perspektive, in: Helga Grebing/Klaus Kinner (Hrsg.), Arbeiterbewegung und Faschismus. Faschismusinterpretationen in der europäischen Arbeiterbewegung, Essen 1990, S. 15–23; ders., War der italienische Faschismus rassistisch? Anmerkungen zur Kritik an der Verwendung eines allgemeinen Faschismusbegriffs, in: Werner Röhr (Hrsg.), Faschismus und Rassismus. Kontroversen um Ideologie und Opfer, Berlin 1992, S. 108–122.

[10] Wolfgang Wippermann, Vom „erratischen Block“ zum Scherbenhaufen. Rückblick auf die Faschismusforschung, in: Thomas Nipperdey u. a. (Hrsg.), Weltbürgerkrieg der Ideologien. Antworten an Ernst Nolte, Berlin 1993, S. 207–215. Es gibt jedoch nach wie vor noch Wissenschaftler, die an dem

der Faschismusbegriff nicht nur für die „konkrete Analyse" unergiebig sei, sondern ein ideologisiertes Produkt der „Marxismus-Renaissance" darstelle[11] und eine „verallgemeinernde Bezeichung" sei, die „von linksextremer Seite als innenpolitischer Kampfbegriff verwendet" werde,[12] ja erklären, daß die „Faschismus-Keule" das „letzte Aufgebot der deutschen Linken" sei.[13] Verschiedene andere attackieren vor allem den „Antifaschismus", weil er aus der „Mottenkiste der kommunistischen Popaganda" stamme und den „antitotalitären Konsens der Nachkriegsgesellschaft" zerstört habe.[14]

Diese überwiegend politisch motivierte Kritik hat sich jedoch bisher kaum auf die Nationalsozialismusforschung ausgewirkt, die zwar auf die Anwendung von globalen Faschismustheorien (vor allem solcher marxistischer Provenienz) verzichtet, ohne jedoch wieder auf die ‚klassischen' Totalitarismustheorien zurückzugreifen.[15]

All diese Debatten sind noch nicht beendet. Doch wie immer sie

generischen Faschismuskonzept festhalten. Zu ihnen gehört der Oxforder Historiker Roger Griffin. Vgl.: Roger Griffin, The Nature of Fascism, 2. Aufl. London 1993; ders. (Hrsg.), Fascism, Oxford 1995

[11] Karl Dietrich Bracher, Der Faschismus, in: Meyers Enzyklopädische Lexikon, Bd. 8, München 1972, S. 547–551.

[12] Hans-Helmuth Knütter, Hat der Rechtsradikalismus in der Bundesrepublik eine Chance?, in: Der Bundesminister des Innern (Hrsg.), Sicherheit in der Demokratie. Die Gefährdung des Rechtsstaates durch Extremismus, Köln 1982, S. 113.

[13] Hans-Helmuth Knütter, Die Faschismus-Keule. Das letzte Aufgebot der deutschen Linken, Berlin 1993.

[14] Klaus Rainer Röhl, Morgenthau und Antifa. Über den Selbsthaß der Deutschen, in: Heimo Schwilk/Ulricht Schacht (Hrsg.), Die selbstbewußte Nation, Berlin 1994, S. 85–100, S. 90. Mit ähnlicher Tendenz: Imanuel Geiss, Der Hysterikerstreit. Ein unpolemischer Essay, Bonn 1992, S. 120 ff.; Antonia Grunenberg, Antifaschismus – ein deutscher Mythos, Reinbek 1993.

[15] Vgl. dazu: Ian Kershaw, Der NS-Staat. Geschichtsinterpretationen und Kontroversen im Überblick, Reinbek 1988, S. 48 ff. Ablehnend auch: Hans Mommsen, Leistungen und Grenzen des Totalitarismus-Theorems: die Anwendung auf die nationalsozialistische Diktatur, in: Maier (Hrsg.), „Totalitarismus" und „Politische Religionen", S. 291–300. Auch in der neuesten Gesamtdarstellung des NS-Staates wird das Totalitarismuskonzept nicht verwandt: Ludolf Herbst, Das nationalsozialistische Deutschland 1933–1945, Frankfurt/M. 1996. Dezidierte Ablehnung des Totalitarismuskonzepts wegen der singulären Bedeutung des Rassismus im nationalsozialistischen „Rassenstaat" bei: Michael Burleigh/Wolfgang Wippermann, The Racial State. Germany 1933–1945, Cambridge 1991.

ausgehen werden, schon jetzt erscheint es sinnvoll, die „Wege der Totalitarismusforschung“[16] erneut einer kritischen Analyse zu unterziehen, zumal diese „Wege“ weitergegangen sind, weshalb auch frühere Abschnitte im Rückblick anders anmuten und neu interpretiert werden müssen. Daher sind auch die wichtigen und verdienstvollen Überblicke über die Entwicklung der Totalitarismusforschung von Martin Jänicke und Walter Schlangen in vieler Hinsicht ergänzungsbedürftig.[17] Erstaunlicherweise liegt eine neue Gesamtdarstellung der Geschichte der Totalitarismustheorien bisher nicht vor. Der vorliegende Band will dies nachholen. Er ist wie die Überblicke von Jänicke und Schlangen, die nach wie vor Vorbildcharakter haben, chronologisch aufgebaut. Dies heißt, daß die Entwicklung der Totalitarismusdiskussion von ihren Anfängen bis heute nachgezeichnet und im jeweiligen historischen Kontext interpretiert wird.

Im ersten Kapitel werden die Ursprünge innerhalb der antifaschistischen und faschistischen Publizistik Italiens, der sozialdemokratischen Faschismusdiskussion sowie in den ersten politikwissenschaftlichen Analysen des Dritten Reiches untersucht. Im zweiten Kapitel folgt die Skizzierung der ‚klassischen‘ Totalitarismustheorien, womit einmal diejenigen gemeint sind, die das Phänomen des Totalitarismus auf ältere Erscheinungen wie die spätantike Gnosis, die politische Theorie Machiavellis oder die Ideen der Französischen Revolution zurückführen. Zu den ‚klassischen‘ Theorien zähle ich ferner das epochemachende Werk von Hannah Arendt über die „Elemente und Ursprünge totaler Herrschaft“ sowie das Totalitarismusmodell der amerikanischen Politologen Carl Joachim Friedrich und Zbigniew Brzezinski.

Die Anwendung und nachfolgende Kritik des Totalitarismusmodells von Friedrich und Brzezinski innerhalb der Kommunismus- und Nationalsozialismusforschung wird im dritten Kapitel untersucht, wobei gleichzeitig die Vor- und Nachteile des konkurrierenden Fa-

[16] Vgl. dazu das sehr verdienstvolle Sammelwerk von: Bruno Seidel/Siegfried Jenkner (Hrsg.), Wege der Totalitarismusforschung, Darmstadt 1968; und die um einige neuere Beiträge ergänzte „Bilanz der internationalen Forschung“ von: Jesse (Hrsg.), Totalitarismus im 20. Jahrhundert, Bonn 1996.

[17] Martin Jänicke, Totalitäre Herrschaft. Anatomie eines politischen Begriffs, Berlin 1971; Walter Schlangen, Die Totalitarismus-Theorie. Entwicklung und Probleme, Stuttgart 1976. Vgl. auch den Sammelband von: Manfred Funke (Hrsg.), Totalitarismus. Ein Studien-Reader zur Herrschaftsanalyse moderner Diktaturen, Düsseldorf 1978; und den ‚Zwischenbericht‘ von: Siegfried Jenkner, Entwicklung und Stand der Totalitarismusforschung, in: Aus Politik und Zeitgeschichte B 31/48, S. 16–26.

schismuskonzepts diskutiert werden. Diese Diskussion wurde zwar in allen westlichen Ländern geführt, in Deutschland jedoch mit besonderer Schärfe, weil, wie im vierten Kapitel dargelegt, die Totalitarismustheorie hier den Charakter einer Staatsideologie hatte, was sich vor allem während der 70er Jahre bei der damaligen Diskussion über Terrorismus und Extremismus wieder bemerkbar machte.

Die folgenden drei Kapitel behandeln Diskurse, die in den bisherigen Überblicken über die Totalitarismusforschung nicht erwähnt wurden und auch nicht erwähnt werden konnten, weil sie erst nach dem Erscheinen der genannten Werke von Seidel/Jenkner, Jänicke und Schlangen geführt wurden. Dies gilt, wie im fünften Kapitel gezeigt wird, einmal für die meist autobiographisch und literarisch geprägten Werke von Autoren wie Orwell, Koestler und vielen anderen, die sich, gerade weil sie selber einstmals Kommunisten waren oder zumindest mit den kommunistischen Ideen sympathisiert hatten, (mit Ausnahme von Kantorowicz) zu entschiedenen Antikommunisten wandelten. Sie mußten sich deshalb von ihren ehemaligen Genossen als „Renegaten“ beschimpfen lassen.

Dieser pejorativ gemeinte Begriff hat jedoch spätestens seit dem Zusammenbruch des Kommunismus eine positive Bedeutung erhalten.[18] Deshalb wird er hier auch übernommen. Die Arbeiten dieser und anderer „Renegaten“, die sich nicht scheuten, Vergleiche zwischen Faschismus und Kommunismus zu ziehen, weshalb sie als ‚literarische Totalitarismustheorien‘ angesehen werden können, wurden in den 50er und 60er Jahren in der Hochzeit des Kalten Krieges viel gelesen und breit rezipiert, um dann jedoch in den 70er und 80er Jahren eben wegen ihres strikt antikommunistischen Charakters zwar nicht vergessen, aber doch verdrängt zu werden. Am Ende der 80er Jahre wurden sie jedoch zunächst in den damals kommunistischen Ländern Osteuropas und schließlich auch der Bundesrepublik neu entdeckt und neu bewertet. Dazu beigetragen hat vor allem Jorge Semprún, der selber kommunistischer Häftling im KZ Buchenwald gewesen ist und später den illegalen kommunistischen Widerstand gegen Franco leitete. Er wandte sich aber dann doch vom Kommunismus ab und ist deshalb ebenfalls zu den „Renegaten“ zu zählen. Gerade seine autobiographischen Romane haben bei einigen deutschen Intellektuellen zu einem Umdenken und einer Neubewertung des bis dahin völlig abgelehnten Totalitarismuskonzepts geführt.

[18] Ich folge hier dem wichtigen Buch von: Michael Rohrwasser, Der Stalinismus und die Renegaten. Die Literatur der Exkommunisten, Stuttgart 1991.

Was Semprún im Deutschland der 90er Jahre bewirkte, hat, wie im sechsten Kapitel näher dargelegt wird, Alexander Solschenizyn am Ende der 70er Jahre in Frankreich hervorgerufen. Sein Werk verursachte ein Umdenken und eine Neuentdeckung der ‚klassischen' Totalitarismustheorien, die hier bis dahin kaum rezipiert worden waren. Maßgebend dafür war eine sehr unreflektierte Parteinahme für die Sowjetunion, die gegen alle Angriffe noch bis weit in die 70er Jahre hinein verteidigt wurde. Erst das Erscheinen von Solschenizyns „Archipel Gulag" löste einen Bewußtseinswandel aus, der als „Gulag-Schock" in die französische Geistesgeschichte eingegangen ist. Jetzt wurden Autoren wieder neu entdeckt, die wie der Stalin-Biograph Boris Souvarine und der Philosoph Raymond Aron dem prokommunistischen Zeitgeist widerstanden hatten. Historiker wie Jean-François Revel und François Furet publizierten Werke über die „totalitäre Versuchung" und das „Ende der Illusionen", die sofort ins Deutsche übersetzt wurden und die Renaissance der Totalitarismustheorie in Deutschland beschleunigten.

Dies gilt auch für die im vorletzten Kapitel analysierte neuere amerikanische Kommunismusforschung, in der die lange vorherrschenden Thesen der sog. Revisionisten, die die Schuld der Sowjetunion am Ausbruch des Kalten Krieges bezweifelt hatten, in Frage gestellt wird. Man orientiert sich wieder an den ‚klassischen' Totalitarismustheorien (vor allem von Friedrich und Brzezinski), die jedoch im angelsächsischen Sprachraum niemals vergessen und obsolet geworden waren.

Im achten und letzten Kapitel wird noch einmal auf die deutsche Diskussion eingegangen. Hier sah es am Ende der 80er Jahre so aus, als ob die von Ernst Nolte während des „Historikerstreits" vorgeschlagene Renaissance und Radikalisierung der Totalitarismustheorie gescheitert war, weil der Holocaust von Noltes Kritikern als einzigartig und unvergleichbar angesehen wurde. Wie bereits erwähnt, hat sich dies nach dem Untergang der DDR und des Kommunismus radikal geändert. Die neue DDR-Forschung arbeitet zumindest teilweise wieder mit den alten Totalitarismustheorien. Ob dies berechtigt ist und ob man nicht zumindest versuchen sollte, neue Totalitarismustheorien zu entwickeln, wird zu prüfen sein.

Diese Diskussion berührt die zentrale Frage, die in der Zusammenfassung abschließend behandelt wird, nämlich ob es sich bei den Totalitarismustheorien wirklich um wissenschaftliche Theorien oder nicht vielmehr um politische Ideologien handelt. Hier sowie schon in den vorangegangenen Kapiteln konnte und wollte ich meine eigene kritische Einschätzung nicht verschweigen. Dennoch habe ich mich immer bemüht, die Kritik von der Darstellung zu trennen, um den Leser in die Lage zu versetzen, sich ein eigenes Urteil zu bilden. Ich glaube, daß dieses Verfahren legitim ist, denn schließlich handelt es sich bei den Totalitarismustheorien nicht um historische Fakten, die möglichst objektiv wiedergegeben werden müssen, sondern um Deutungen dieser Fakten, die selber gedeutet und diskutiert werden können und müssen.

1. DIE URSPRÜNGE DER TOTALITARISMUSDISKUSSION

Die Begriffe „totalitär" und „Totalitarismus" sind Neologismen, die von italienischen Antifaschisten erfunden worden sind, um die Faschisten um Benito Mussolini kritisieren und bekämpfen zu können.[1] Mussolini war am 28. Oktober 1922 zum Chef einer Minderheitsregierung ernannt worden, die sich auf ganze 35 (von über 500) Mandate stützen konnte, die Mussolinis Partei bei der letzten Parlamentswahl vom April 1922 errungen hatte.[2] Allerdings handelte es sich bei dieser „Partito Nazionale Fascista" um keine normale Partei, sondern um eine terroristische Organisation mit Massenbasis, die uniformiert, bewaffnet und nach militärischen Kriterien in sog. Geschwader (squadre) gegliedert war. Die Mitglieder dieser „squadre" wurden „squadristi" oder nach dem Begriff und Symbol der Bewegung „fascio" auch „fascisti" genannt, was wörtlich nichts anderes hieß als „Bündler".[3]

Doch Ende 1922 war dies zu einem Begriff geworden, der überall Furcht und Schrecken einflößte, hatten sich doch die Faschisten durch ihre Militanz und Grausamkeit einen Namen gemacht. In fast ganz Norditalien hatten sie in sog. „Strafexpeditionen" (spedizioni punitive) ihre politischen Gegner in den Reihen der Sozialisten und der katholischen Volkspartei der Popolari geschlagen, gefoltert und nicht selten getötet. Auch nach der Ernennung ihres „duce" zum Staatschef machten sie keinerlei Anstalten, diesen Terrorfeldzug zu beenden. Im Gegenteil. Jetzt wurde er auch auf andere Teile Italiens ausgedehnt, wobei systematisch von Dorf zu Dorf, Stadt zu Stadt und schließlich

[1] Zum Folgenden die Ausführungen von Jänicke, Totalitäre Herrschaft, S. 20ff. und Schlangen, Die Totalitarismus-Theorie, S. 11ff. Jänickes und Schlangens Ausführungen wurden wesentlich ergänzt und korrigiert von: Jens Petersen, Die Entstehung des Totalitarismusbegriffs in Italien, in: Manfred Funke (Hrsg.), Ein Studien-Reader zur Herrschaftsanalyse moderner Diktaturen, Düsseldorf 1978, S. 105–128; ders., Die Geschichte des Totalitarismusbegriffs in Italien, in: Maier (Hrsg.), „Totalitarismus" und „Politische Religionen", S. 15–36.

[2] Mit Hinweisen auf weitere Literatur: Wolfgang Wippermann, Europäischer Faschismus im Vergleich 1922–1982, Frankfurt/M. 1983, S. 30ff.

[3] Zur Begriffsgeschichte: Wippermann, Faschismustheorien, S. 1ff.

von Provinz zu Provinz alle politischen Widersacher im wörtlichen und physischen Sinne ausgeschaltet wurden. Polizei und Militär sahen dem völlig tatenlos zu, weil die Exekutive jetzt in den Händen Mussolinis lag.

Doch Mussolini begnügte sich nicht damit. Er wollte die ganze Macht. Mit Druck und Überredung zog er immer mehr Mitglieder der bürgerlichen Parlamentsparteien auf seine Seite. Außerdem schränkte er die Pressefreiheit zunehmend ein. Im Frühjahr und Sommer des Jahres 1923 gelang es den Faschisten, durch Propaganda und offenen Terror die Mehrheit in fast allen Selbstverwaltungskörperschaften zu erringen und die Stellen der Präfekten und Bürgermeister mit ihren Gefolgsleuten zu besetzen. Ende 1923 beseitigte Mussolini gar einen wichtigen Grundstein der demokratischen Verfassung Italiens. Er brachte im Parlament ein neues Wahlgesetz durch, das Legge Acerbo genannt wurde und vorsah, daß die jeweils stärkste Partei zwei Drittel aller Parlamentssitze erhalten sollte, wenn sie mindestens 25 Prozent der abgegebenen Stimmen gewinnen würde. Am 5. April 1924 war dies der Fall. Dank massiver Wahlbeeinflussungen und -fälschungen und wegen der Kollaborationsbereitschaft großer Teile der bürgerlichen Parteien erhielt Mussolinis Partido Nazionale Fascista die gewünschte Zweidrittelmehrheit.

Dennoch gab es auch jetzt noch innerhalb und außerhalb des Parlaments Oppositionelle, die sich selber „Antifaschisten“ nannten und die von dem Liberalen Giovanni Amendola angeführt wurden. Amendola war es auch, der offensichtlich als erster Mussolini vorwarf, ein „sistema totalitario“ – ein „totalitäres System“ – einführen zu wollen. Anlaß war einmal die erwähnte ‚Machtergreifung‘ der Faschisten in den Vertretungsorganen in der Provinz und zum anderen das Acerbo-Gesetz, dessen Befürworter in den Reihen der bürgerlichen Parteien von Amendola als eine „Herde von totalitären Askaris“ bezeichnet wurden.[4] In einem Artikel zum ersten Jahrestag des sog. „Marsches auf Rom“ erklärte Amendola: „Wirklich, das bedeutsamste Charakteristikum der faschistischen Bewegung wird für die künftigen Historiker sein ‚totalitärer‘ Geist bleiben.“[5] Dieser „totalitäre Geist“

[4] Petersen, Entstehung, S. 117. Daß Amendola hier mehr die Parteigänger der Faschisten in den Reihen der bürgerlichen Parteien als die Faschisten selber meinte, geht aus der Verwendung des Begriffs „Askari“ hervor, mit dem man die kolonialen Hilfstruppen der europäischen Kolonialmächte bezeichnete.

[5] Giovanni Amendola, Un anno dopo, in: Il Mondo, 2. 11. 1923, zitiert nach Petersen, Entstehung, S. 118.

verlange absoluten Gehorsam und gestatte den Menschen nicht, ihrem Gewissen zu folgen.

Amendola ließ keinen Zweifel daran, daß dieses „totalitäre System" mit seinem Anspruch auf eine totale Erfassung der Menschen etwas Neues sei. Damit widersprach er anderen „Antifaschisten", die im Faschismus ein weiteres Beispiel für die Rückständigkeit Italiens erblicken wollten und die meinten, daß es zu einem „Wiederauftauchen alter, durch die Jahrhunderte der Fremdherrschaft und der staatlichen Zersplitterung hervorgerufenen Übel und Schwächen Italiens" gekommen sei.[6] Der Liberale Piero Gobetti fühlte sich an die Zeiten Depretis und Crispis erinnert, und der Althistoriker Ferrero verglich das Regime Mussolinis mit dem Caesars.[7]

Das spezifisch Neue des „totalitären" faschistischen Staates beschrieb der Sozialist Lelio Basso folgendermaßen: „Der faschistische Staat begnügt sich nicht damit, die etablierte Ordnung (...) aufrechtzuerhalten, innerhalb deren die oppositionellen Kräfte die Möglichkeit hätten, eine neue Form des gesellschaftlichen Lebens vorzubereiten; er repräsentiert das gesamte Volk, er verneint die Existenz von unabhängigen oder gegnerischen Bewegungen, und wenn sich eine solche auch nur vorsichtig zeigt, so versucht er, sie unerbittlich zu zerstören. (...) Alle Staatsorgane, die Krone, das Parlament, die Rechtsprechung, (...) die bewaffneten Streitkräfte (...) werden Instrumente einer einzigen Partei, die sich zum Interpreten des Volkswillens, des unterschiedslosen Totalitarismus macht."[8]

Interessanterweise haben die Faschisten selber diese Vorwürfe nicht zurückgewiesen, sondern sich in ebenso trotziger wie propagandistisch geschickter Weise ausdrücklich dazu bekannt, einen „totalitären" Staat anzustreben. Besonders treffend kommt dies in einer Rede zum Ausdruck, die das Mitglied des faschistischen Parteidirektoriums Roberto Forges Davanzati am 28. Februar 1926 hielt, in der er unter anderem verkündete: „Wenn die Gegner uns sagen, wir seien totalitär, Dominikaner, unversöhnlich, tyrannisch, dann erschreckt vor diesen Adjektiven nicht. Akzeptiert sie mit Ehre und Stolz (...) Weiset keines

[6] So der Konservative G. Fortunato in einem schon 1921 publizierten Buch. Zitiert nach: Petersen, Die Entstehung, S. 112f.

[7] Zitiert nach Petersen, Die Entstehung, S. 113f. Ein Hinweis auf die zeitgenössische Bonapartismus/Caesarismus-Diskussion fehlt hier jedoch. Vgl. dazu: Wolfgang Wippermann, Die Bonapartismustheorie von Marx und Engels, Berlin 1983, S. 163ff.

[8] Lelio Basso (unter Pseudonym), L'antistato, in: La Rivoluzione Liberale, 2. 1. 1925; zitiert nach: Petersen, Die Entstehung, S. 120f.

zurück! Jawohl, wir sind totalitär! Wir wollen es sein vom Morgen bis zum Abend, ohne abweichende Gedanken."[9]

Auch Mussolini selber, der damals noch über kein konzises politisches Programm verfügte, schloß sich dieser Ansicht an und erklärte mehr als einmal, daß es in der Tat sein Ziel sei, einen „totalitären Staat" zu errichten. In klassischer und vielzitierter Weise war dies in seiner 1932 verfaßten „Doktrin des Faschismus" der Fall, in der er schrieb: „Für den Faschisten ist alles im Staate und nichts Menschliches oder Geistiges besteht außerhalb des Staates. In diesem Zusammenhang ist der Faschismus totalitär und der faschistische Staat, als Zusammenfassung und Einheit aller Werte, deutet, entwickelt und beherrscht das ganze Leben."[10]

Bei dieser Übernahme des Begriffs „totalitär" übersahen Mussolini und die Faschisten jedoch, daß die italienischen Antifaschisten ihn auch deshalb verwandten, um auf gewissen Ähnlichkeiten und Parallelen zwischen dem italienischen Faschismus und dem russischen Bolschewismus hinzuweisen, was selbstverständlich negativ gemeint war. Den Anfang machte ebenfalls Giovanni Amendola, der 1925 den Faschismus mit dem Kommunismus verglich, weil beide Systeme eine „totalitäre Reaktion auf Liberalismus und Demokratie" darstellten.[11] Diese Gleichsetzung wurde von dem Führer der italienischen Popolari, Luigi Sturzo,[12] übernommen, der in einem 1926 in Deutschland erschienenen Buch erklärte: „Insgesamt kann man zwischen Rußland und Italien nur einen einzigen Unterschied feststellen, daß nämlich der Bolschewismus eine kommunistische Diktatur oder ein Linksfascismus ist und der Fascismus eine konservative Diktatur oder ein Rechtsbolschewismus ist. (...)"[13]

In ähnlichem Sinne äußerte sich der Liberale Franceso Nitti in seinem ebenfalls 1926 in Deutschland publizierten Buch über „Fascismus und Demokratie", in dem es hieß: „Faschismus und Bolschewismus beruhen nicht auf entgegengesetzten Grundsätzen, sie bedeuten die Verleugnung derselben Grundsätze von Freiheit und Ordnung,

[9] Zitiert nach: Petersen, Die Entstehung, S. 123.

[10] Zitiert nach: Petersen, Die Entstehung, S. 109. Siehe Mussolinis Bezeichnung des faschistischen Staates als „regime totalitario" (1927), in: Opera Omnia, Bd. 22, S. 379. 1928 sprach Mussolini von der „totalitariet del regime", in: Opera Omnia, Bd. 23, S. 269.

[11] Zitiert nach Petersen, Die Entstehung, S. 122.

[12] Dazu: Michael Schäfer, Luigi Sturzo als Totalitarismustheoretiker, in: Maier (Hrsg.), „Totalitarismus" und „Politische Religionen", S. 59–70.

[13] Luigi Sturzo, Italien und der Faschismus, Köln 1926, S. 225.

der Grundsätze von 1789. (...) Sie sind also die Verleugnung aller Grundlagen der modernen Zivilisation, die Rückkehr zur Moral der absoluten Monarchen und der Auffassung des Krieges als die selbstverständlichste Hantierung einer Nation."[14]

Derartige Vergleiche von Faschismus und Kommunismus kann man nicht nur in der italienischen Diskussion finden. Sie wurden vor allem von Sozialdemokraten in verschiedenen europäischen Ländern durchgeführt. Als ein relativ frühes Beispiel ist auf den Aufsatz Otto Bauers über „Das Gleichgewicht der Klassenkräfte" zu verweisen, der 1924 in dem theoretischen Organ der SPÖ „Der Kampf" erschien.[15] Bauer wandte die von Marx und Engels entwickelte Bonapartismustheorie[16] auf die damalige politische Situation Europas an und stellte folgendes fest: „In anderen Ländern hat das Gleichgewicht der Klassenkräfte dazu geführt, daß sich bewaffnete Parteien der Staatsgewalt bemächtigten und ihrer Diktatur alle Klassen unterwarfen. Dies geschah vornehmlich in zwei Formen:

a) In Italien war es der Faschismus, der diese Aufgabe besorgte. Der italienische Faschismus von 1922 ist das Gegenstück des französischen Bonapartismus von 1851. In beiden Fällen hat ein Abenteurer, auf Banden bewaffneter Abenteurer gestützt, das bürgerliche Parlament auseinanderjagen, damit die politische Herrschaft der Bourgeoisie stürzen und seine Diktatur über alle Klassen aufrichten können, weil die Bourgeoisie selbst ihre politische Vertretung im Stiche ließ, ihre eigene Klassenherrschaft preisgab, sich der gegen ihre eigene Staatsmacht rebellierenden Gewalt in die Arme warf, um gegen Preisgabe ihrer politischen Herrschaft, ihr vom Proletariat bedrohtes Eigentum zu retten.

b) In Rußland ist der Bolschewismus, in seinen Anfängen eine Diktatur des Proletariats, unter dem Druck der ökonomischen Notwendigkeiten zu etwas ganz anderem geworden. Er ist heute, ganz ähnlich wie der Faschismus, die Diktatur einer über den Klassen stehenden regierenden Kaste, die in ihrer Praxis die Klasseninteressen der Arbeiter, der Bauern und der Nep-Männer, der neuen Bourgeoisie, gegeneinander ausbalancieren muß; die Stabilität ihrer Herrschaft beruht darauf, daß keine dieser drei Klassen sie abzulösen vermag, ist

[14] Francesco Nitti, Bolschewismus, Fascismus und Demokratie, München 1926, S. 53.

[15] Otto Bauer, Das Gleichgewicht der Klassenkräfte, in: Der Kampf 17, 1924, S. 57–67.

[16] Vgl. dazu: Wippermann, Die Bonapartismustheorie, S. 200ff.

der Ausdruck des Kräftegleichgewichts zwischen diesen drei Klassen. (...)«[17]

Derartige Vergleiche zwischen Faschismus und Kommunismus trifft man in der sozialdemokratischen Publizistik der 20er und 30er Jahre häufig an. Hier nur einige Beispiele: 1929 schloß sich der deutsche Sozialdemokrat Georg Decker Bauers Bemerkung an, wonach der jetzt herrschende „Gleichgewichtszustand“ von den faschistischen und kommunistischen Feinden der Demokratie genützt werde, die beide die Demokratie abschaffen wollten.[18] In einem 1930 veröffentlichten Aufsatz warf Decker den Nationalsozialisten und Kommunisten gleichermaßen vor, die „Zersetzung der Widerstandskraft der Demokratie“ anzustreben.[19] Deckers Genosse Alexander Schifrin konstatierte 1931, daß es bei den antidemokratischen Aktivitäten von Nationalsozialisten und Kommunisten eine Art Arbeitsteilung gebe, durch die der Bestand der Demokratie gefährdet sei:

„Es gibt bei dem eventuellen Anwachsen der extremen Flügel des deutschen Parteiensystems einen hypothetischen Punkt, bei dem die Demokratie automatisch gesprengt werden muß. Dieser Punkt kann mit einer beinahe mathematischen Genauigkeit berechnet werden. Das Gewicht des deutschen Faschismus wird dadurch ungemein verstärkt, daß auf der extremen Linken eine der Demokratie feindliche Massenpartei wirkt, die Abwehrstrategie des deutschen Antifaschismus wird außerordentlich dadurch erschwert, weil sie von der äußersten Linken geschwächt und bedroht werden kann. (...)“[20]

Derartige Vergleiche und Gleichsetzungen beruhten jedoch weniger auf theoretischen Überlegungen als auf politischen Kalkülen. Schließlich wurden die Sozialdemokraten damals von den Kommunisten als „Sozialfaschisten“ beschimpft und erbittert bekämpft. Schon deshalb lag es nahe, dem Sozialfaschismus-Vorwurf mit einer Art Retourkutsche zu begegnen. So konnte man innerhalb der sozialdemokratischen Publizistik häufig Karikaturen finden, in denen Hitler und Thälmann Arm in Arm abgebildet waren. Sie waren mit folgender Bemerkung versehen: „Kozis und Nazis sind gleiche Brüder mit un-

[17] Bauer, Das Gleichgewicht der Klassenkräfte, S. 64.

[18] Georg Decker, Offenbarungen der Tat, in: Die Gesellschaft 6 II, 1929, S. 224–235.

[19] Georg Decker, Der erste Schritt, in: Die Gesellschaft 7 I, 1930, S. 97–103, S. 101.

[20] Alexander Schifrin, Einstellung auf die Expansion, in: Die Gesellschaft 8 I, 1931, S. 497–515, S. 509f.

gleichen Kappen, aber mit gleicher Gesinnungslumperei".[21] Und auf einem Wahlplakat der SPD aus dem Jahre 1932 hieß es: „Kommunisten und Nationalsozialisten kämpfen gemeinsam (...) Der gleiche Terror, die gleichen Lügen, der gleiche Haß eint sie. Beide erfüllen den gleichen Zweck: Die Einheit der Arbeitenden zu stören (...) Das Großkapital weiß, was es an seinen Kommu-Nazis hat. (...) Die Kommunisten haben dem Faschismus den Weg bereitet (...) Wer kommunistisch wählt, wählt nationalsozialistisch."[22]

Ähnliche Vergleiche konnte man auch in der zeitgenössischen liberalen und konservativen Publizistik Deutschlands finden. Zu erwähnen ist einmal der Liberale Erwin v. Beckerath, der in seiner schon 1927 verfaßten Studie über den italienischen Faschismus auch auf Parallelen mit dem Kommunismus hinwies,[23] die er zwei Jahre später in einem Aufsatz weiter ausführte.[24] Auch der Historiker Friedrich Meinecke, der nach eigenen Bekunden zwar „Herzensmonarchist" blieb, aber zum „Vernunftrepublikaner" geworden war, hat in seinen politischen Aufsätzen wiederholt Kommunisten und Nationalsozialisten gleichermaßen angegriffen, weil beide Bewegungen erbitterte Feinde der Demokratie seien.[25] Obwohl selber alles andere als ein überzeugter Demokrat hat auch der katholische Konservative Waldemar Gurian seine Gesinnungsgenossen eindringlich davor gewarnt, ein Bündnis mit dem Nationalsozialismus einzugehen, weil dieser genau wie der Bolschewismus eine „totale Politisierung" und „Verabsolutierung der diesseitigen sozialen Welt" anstrebe.[26]

[21] So die in Bremerhaven erscheinende „Norddeutsche Volksstimme" am 12. 11. 1929; zitiert nach: Wolfgang Wippermann, „Weder Hitler-Knechte noch Stalin-Sklaven!". SPD und Faschismus in Bremerhaven-Wesermünde, in: Jahrbuch der Männer vom Morgenstern 61, 1982, S. 289–312, S. 398.

[22] Zitiert nach: Friedrich Arnold (Hrsg.), Anschläge. Politische Plakate in Deutschland 1900–1970, Ebenhausen 1972, S. 75.

[23] Erwin v. Beckerath, Wesen und Werden des fascistischen Staates, Berlin 1927.

[24] Erwin v. Beckerath, Fascismus und Bolschewismus, in: Volk und Reich der Deutschen, Bd. 3, Berlin 1929. Vgl. dazu: Schlangen, Totalitarismus-Theorie, S. 26f.

[25] Friedrich Meinecke, Nationalsozialismus und Bürgertum (26. 2. 1932), in: ders., Werke, Bd. 2, Stuttgart 1969, S. 441–445; ders., Volksgemeinschaft – nicht Volkszerreißung (22. 2. 1933), in: ebenda, S. 479–482. Vgl. dazu: Wolfgang Wippermann, Friedrich Meineckes „Die deutsche Katastrophe" – Ein Versuch der deutschen Vergangenheitsbewältigung, in: Michael Erbe (Hrsg.), Friedrich Meinecke heute, Berlin 1981, S. 101–121.

[26] Waldemar Gurian, Der Bolschewismus. Einführung in Geschichte und

Doch anders als die italienischen Faschisten hielten es die deutschen Nationalsozialisten nicht für notwendig, näher auf diese Vergleiche und Vorwürfe einzugehen. Im deutlichen Unterschied zu den italienischen Faschisten haben sie auch die Errichtung eines „totalen Staates“ nicht als ihr eigentliches politisches Ziel ausgegeben. Dies ist deshalb so bemerkenswert, weil den Nationalsozialisten die Errichtung eines „totalen Staates“ von verschiedenen rechtsgerichteten Rechtsgelehrten ausdrücklich angeraten worden war.[27] Den Anfang hatte Carl Schmitt gemacht, der den Begriff des „totalen Staates“ schon 1931 in die politische Diskussion Deutschlands einführte. Am 31. Mai 1933 feierte er in einem an „die deutschen Intellektuellen“ gerichteten Aufsatz den Nationalsozialismus, weil dieser erkannt habe, „daß aller menschlicher Geist und alle Produktivität im Zusammenhang eines umfassenden totalen Ganzen steht“.[28]

Was hier noch philosophisch verschwommen formuliert war, drückte Schmitt mit Blick auf die während der Niederschlagung des angeblichen Röhm-Putsches begangenen Morde mit unmißverständlicher Brutalität folgendermaßen aus: „Der wahre Führer ist immer auch Richter. Aus dem Führertum fließt das Richtertum. Wer beides von einander trennt oder gar entgegensetzen will, macht den Richter entweder zum Gegenführer oder zum Werkzeug eines Gegenführers und sucht den Staat mit Hilfe der Justiz aus den Angeln zu heben. (...) In Wahrheit war die Tat des Führers echte Gerichtsbarkeit.“[29]

Ähnlich wie Schmitt haben sich auch Ernst Forsthoff und Ernst Rudolf Huber für die Errichtung eines „totalen Staates“ ausgespro-

Lehre, Freiburg 1931; ders. (unter dem Pseudonym Walter Gerhart), Um des Reiches Zukunft. Nationale Wiedergeburt oder politische Reaktion?, Freiburg 1932. Ausführlich dazu: Heinz Hürten, Waldemar Gurian und die Entfaltung des Totalitarismusbegriffs, in: Maier (Hrsg.), „Totalitarismus“ und „Politische Religionen“, S. 59–70.

27 Siehe dazu: Jänicke, Totalitäre Herrschaft, S. 36 ff.; Schlangen, Die Totalitarismus-Theorie, S. 15 ff.

28 Carl Schmitt, Die deutschen Intellektuellen, in: Westdeutscher Beobachter vom 31. 5. 1933, in: Josef und Ruth Becker (Hrsg.), Hitlers Machtergreifung 1933. Vom Machtantritt Hitlers 30. Januar 1933 bis zur Besiegelung des Einparteienstaates 14. Juli 1933, München 1983, S. 323–325.

29 Carl Schmitt, „Der Führer schützt das Recht“. Zum 30. 6. 1934, in: ders., Positionen und Begriffe im Kampf mit Weimar–Genf–Versailles 1923–1939, Hamburg 1940, S. 200.

chen,[30] ohne jedoch wie gesagt damit bei den führenden Nationalsozialisten auf Zustimmung zu stoßen, denn für diese war der Staat, wie sich schon Hitler in „Mein Kampf" ausgedrückt hatte, nur „Mittel zum Zweck" der „Erhaltung des rassischen Daseins".[31] Hitler und die Nationalsozialisten wollten einen „Rassenstaat",[32] der im Innern eine „Reinigung des Volkskörpers" von allen „rassefremden", „kranken" und „asozialen Elementen" und nach Außen die Errichtung eines „Rasseimperiums" zumindest im europäischen Berreich anstrebte, was weit brutaler, gefährlicher und ‚schlimmer' war als der „stato totalitario" Mussolinis.

Doch darauf muß hier nicht weiter eingegangen werden, zumal in dieser Diskussion der Nationalsozialisten und ihrer konservativen Ratgeber aus naheliegenden Gründen keine Vergleiche mit der zweiten Variante des Totalitarismus – dem Bolschewismus – gezogen wurde. Und derartige Vergleiche sind ein Grundbestandteil der Totalitarismustheorie. Erstmals in systematischer und wissenschaftlicher Form ausgeführt wurden sie von amerikanischen Politologen, die 1935 und 1939 zwei Konferenzen zum Thema veranstalteten, die in die Wissenschaftsgeschichte eingegangen sind.

Die erste fand 1935 in Minneapolis statt. Ihre Ergebnisse wurden noch im gleichen Jahr unter dem sehr allgemeinen Titel „Diktatur in der modernenWelt" veröffentlicht.[33] In seinem Einleitungsreferat differenzierte Max Lerner zwischen drei Typen der Diktatur.[34] An die Seite der „konstitutionellen" und „konterrevolutionären" sei ein neues „Grundmuster" getreten, das durch das kommunistische und faschistische System repräsentiert werde. Beide Regime wiesen deutliche Gemeinsamkeiten auf. Dies gelte einmal für die Machtergreifung durch eine Bewegung, deren Ideologie von einem „Führer" bestimmt werde. Der ersetze dann das parlamentarische System durch eine Ter-

[30] Ernst Forsthoff, Der totale Staat, Hamburg 1933; Ernst Rudolf Huber, Die Totalität des völkischen Staates, in: Die Tat, 26, 1934, S. 30–42.

[31] Adolf Hitler, Mein Kampf. Ungekürzte Ausgabe, 2 Bände in einem Band, München 1934, S. 421 und S. 431 ff.

[32] Zum Begriff „Rassenstaat" und seiner weitgehenden Verwirklichung: Michael Burleigh/Wolfgang Wippermann, The Racial State. Germany 1933–1945, Cambridge 2. Aufl. 1992.

[33] Guy Stanton Ford (Hrsg.), Dictatorship in the Modern World, Minneapolis 1935, 2., erw. Auflage London 1939.

[34] Max Lerner, The Pattern of Dictatorship, in: Ford (Hrsg.), Dictatorship, S. 3 ff.; in deutscher Übersetzung abgedruckt bei: Seidel/Jenkner (Hrsg.), Wege der Totalitarismusforschung, S. 30–48.

rorherrschaft, die sich durch eine Verschmelzung von Partei und Staat auszeichne und in der alle „Kommunikationsmittel" und das gesamte „Erziehungswesen" einer totalen Kontrolle unterworfen seien.[35] Entstanden sei eine völlig neue Herrschaftsform, die auf dem Führerprinzip basiere, neben dem „systematischen Terror"[36] auch die modernen Formen der Massenbeeinflussung einsetze und insgesamt einen sehr stabilen Charakter habe, weshalb, wie Lerner pessimistisch meinte, sowohl die faschistische wie die kommunistische Diktatur nicht von selbst, sondern allenfalls nach einem „katastrophalen Krieg" zusammenbrechen werde.[37]

Hans Kohn führte in seinem Beitrag einen systematischen Vergleich zwischen „kommunistischer und faschistischer Diktatur" durch.[38] Beide Diktaturen[39] unterschieden sich zwar im Hinblick auf „Ziele und Lebensanschauung",[40] wiesen aber zugleich wegen ihres „Absolutheitsanspruchs" und dem „Bestreben, der Masse und der Jugend die neue Lebensart aufzuprägen",[41] so bedeutsame Ähnlichkeiten auf, daß sie als „zwei Typen" der modernen Form der Diktatur zu bezeichnen seien. Kohn nannte sie „Massenbewegungs-Diktaturen", weil sie sich neben Terror durchaus auf die Zustimmung der Massen stützen könnten,[42] obwohl oder weil sie gleichzeitig alle liberalen Freiheitsrechte negierten und außer Kraft gesetzt hätten.[43]

Die zweite wichtige Konferenz fand im November 1939 in Philadelphia statt.[44] Die Teilnehmer standen ganz offensichtlich unter dem

[35] Ebenda S. 43.

[36] Ebenda S. 39.

[37] Ebenda S. 47.

[38] Hans Kohn, Communist and Fascist Dictatorship. A Comparative Study, in: Ford (Hrsg.), Dictatorship, S. 141–160; dt. Übersetzung in: Seidel/Jenkner (Hrsg.), Wege der Totalitarismusforschung, S. 49–63.

[39] Zur „faschistischen Diktatur" rechnete Kohn, was damals auch außerhalb des linken Lagers durchaus üblich war, nicht nur das Regime Mussolinis, sondern auch das Hitlers.

[40] Im weiteren Verlauf werden diese Unterschiede noch stärker betont. Vgl.: ebenda S. 58: „Die Diktatur des Faschismus ist charismatisch, nationalistisch und auf Dauer bestimmt. Die Diktatur des Kommunismus ist rational, international und zeitlich begrenzt."

[41] Ebenda S. 56.

[42] Ebenda S. 54.

[43] Zu ähnlichen Schlüssen und Ergebnissen gelangten Frederick F. Blachly/Miriam E. Oatman, Introduction to Comparative Government, New York 1938. Vgl. dazu: Schlangen, Totalitarismus-Theorie, S. 40.

[44] Symposium of the Totalitarian State. From the Standpoints of History,

Eindruck des drei Monate zuvor, am 23. August 1939 abgeschlossenen Hitler-Stalin-Paktes, durch den die These von der Wesensverwandtschaft von Faschismus (bzw. Nationalsozialismus) und Kommunismus vollends bestätigt zu werden schien, zumal einzelne Nationalsozialisten und Kommunisten nicht müde wurden, sich gegenseitig zu bewundern und die „plutokratischen westlichen Demokratien" zu beschimpfen. Daher stand in Philadelphia die Frage, ob ein Vergleich zwischen Faschismus und Kommunismus überhaupt zulässig sei, überhaupt nicht mehr zur Diskussion. Diskutiert wurde allenfalls noch, ob sich der Totalitarismus aus früheren autokratischen und despotischen Staatsformen entwickelt habe oder aber „etwas Neues in der Geschichte der westlichen Kultur" sei, wofür Carlton J. H. Hayes in seinem Referat vehement plädierte.[45] Voraussetzung des modernen Totalitarismus seien einmal die Entwurzelung der Menschen in den modernen Industriegesellschaften, die zu einem, wie ihn Ortega y Gasset genannt hat,[46] „Aufstand der Massen" führen würden.[47] An die Stelle des zusammengebrochenen „Pluralismus" trete ein zentralisierter und immer allmächtiger werdender Staat. Dies Entwicklung könne man in allen modernen Staaten beobachten.[48]

In den faschistischen und kommunistischen Regimen sei der Staat dagegen wirklich „totalitär", weil er alle „wirtschaftlichen, religiösen und erzieherischen Institutionen"[49] kontrolliere und weil er sich zugleich auf die „Massen" stützen könne, die mit Hilfe der Propaganda, der „allgegenwärtigen Geheimpolizei" und der alles durchdringenden Partei beherrscht werden.[50] Für die neuen totalitären Staaten seien

Political Science, Economics and Sociology, Nov. 17, 1939. Proceedings of the American Philosophical Society, B. 82, 1940, Nr. 1 Philadelphia 1940.

[45] Carlton J. H. Hayes, The Novelty of Totalitarianism in the History of Western Civilisation, S. 91–102; übersetzt in: Seidel/Jenkner, Wege der Totalitarismus-Forschung, S. 86–100.

[46] José Ortega y Gasset, The Revolt of the Masses, New York 1932. Ortega y Gassets These ist dann auch von Hannah Arendt übernommen worden. Vgl. unten Kap. 2, S. 26ff.

[47] Ebenda S. 89.

[48] Ebenda S. 93.

[49] Mit diesen „Prinzipien totalitärer Erziehung" beschäftigte sich ein anderer Teilnehmer der Konferenz in einem bemerkenswert kenntnisreichen Beitrag. Vgl.: Thomas Woody, Prinzipien totalitärer Erziehung, in: Seidel/Jenkner, Wege der Totalitarismus-Forschung, S. 101–122. Zur Stichhaltigkeit des Vergleichs siehe unten S. 38.

[50] Ebenda S. 95–97.

„Macht und Gewalt" nicht „Mittel zum Zwecke", sondern Selbstzweck. Daher vor allem sei der „diktatorische Totalitarismus" eine „Revolte gegen die gesamte historische Kultur des Westens."[51]

Ebenso kämpferisch und entschieden äußerte sich der Emigrant und ehemalige Kommunist Franz Borkenau,[52] als er 1940 den faschistischen und kommunistischen Staaten eine gemeinsame Feindschaft gegenüber den westlichen Demokratien unterstellte[53] und energisch dazu aufforderte, sich diesem „totalitären Feind" zum Kampfe zu stellen. Doch wenig später war Borkenaus Buch genauso von der Geschichte überholt wie sein Aufsatz über die „Soziologie des Faschismus", der im Februar 1933 erschien und in dem Borkenau eine Modernisierungstheorie entwickelt hatte, nach der der Faschismus in Deutschland funktions- und chancenlos sei.[54] Hatten sich doch die „liberalen Mächte" mit einer der „totalitären Mächte" verbündet, um den Hitlerschen Totalitarismus zu besiegen, was sie bewog, über den mehr als verbrecherischen Charakter des Stalinschen Regimes hinwegzusehen und seinen Repräsentanten Stalin geradezu zu verherrlichen.[55]

Die Totalitarismustheorie verschwand aus der westlichen Politikwissenschaft, wobei hinzuzufügen ist, daß sie von den überwiegend links eingestellten französischen Intellektuellen noch nicht einmal zur Kenntnis genommen, geschweige denn rezipiert worden war.[56] Ebenfalls nicht rezipiert wurden die Werke von Ernst Fraenkel und Franz Neumann, die im amerikanischen Exil ihre klassischen Studien über den „Doppelstaat" und den „Behemoth" verfaßten, in denen sie jedoch alle Vergleiche mit der Sowjetunion Stalins sorgfältig vermieden.[57] Dies zu betonen ist deshalb so wichtig, weil Fraenkel, Neumann und

[51] Ebenda S. 98.

[52] Daher ist Borkenau auch zu den sog. Renegaten zu rechnen, auf die im Kapitel 5 noch näher einzugehen ist.

[53] Franz Borkenau, The Totalitarian Enemy, London 1940, S. 11: „Der Gegensatz könnte nicht schärfer sein; liberale Mächte hier, totalitäre Mächte dort."

[54] Franz Borkenau, Zur Soziologie des Faschismus, in: Archiv für Sozialwissenschaft und Sozialpolitik 68, 1933, S. 513–547. Vgl. dazu: Wippermann, Faschismustheorien, S. 33f. Borkenaus Buch über den „totalitären Feind" wurde in Deutschland kaum rezipiert und noch nicht einmal ins Deutsche übersetzt.

[55] Dazu: Ernst Nolte, Deutschland und der Kalte Krieg, München 1974, S. 144.

[56] Vgl. dazu unten Kap. 6.

[57] Ernst Fraenkel, The Dual State. A Contribution to the Theory of Dictatorship, New York 1941; dt. Übersetzung: Der Doppelstaat, Frankfurt/M.

der hier ebenfalls zu erwähnende Rudolf Hilferding[58] häufig fälschlich als Vertreter einer ‚linken Variante der Totalitarismustheorie' angesehen werden. Tatsächlich gehören ihre Arbeiten mehr in den Bereich der Ideengeschichte des Bonapartismus und nicht des Totalitarismus.[59]

Einen wichtigen Beitrag zur Entwicklung und Verbreitung der Totalitarismustheorie haben dagegen Wissenschaftler und Schriftsteller geleistet, die wie Borkenau einstmals Kommunisten gewesen waren oder zumindest mit den Ideen des Kommunismus sympathisiert hatten. Angesichts der blutigen Säuberungen in der Sowjetunion und vor allem wegen der Ermordung vieler Mitglieder der als trotzkistisch angesehenen POUM durch spanische Kommunisten und Mitglieder der sowjetischen Geheimpolizei während des Spanischen Bürgerkrieges[60] wurden sie zu „Renegaten", wobei es ihnen gelang, dieses kommunistische Schimpfwort zu einem Ehrentitel zu machen. Obwohl die Werke einiger dieser „Renegaten" – zu nennen ist vor allem George Orwells Beschreibung des kommunistischen Terrors gegen die POUM[61] – schon in den 30er und frühen 40er Jahren erschienen sind, sollen sie nicht hier, sondern weiter unten in einem eigenen Kapitel behandelt werden.[62]

Insgesamt zeigen die Entwicklung und die ziemlich abrupte Preisgabe des Totalitarismusmodells, wie politisch motiviert die gesamte Diskussion war, weshalb „Totalitarismus" vor 1945 insgesamt mehr den Charakter eines politischen Kampfbegriffs hatte. Damit werden jedoch, wie Walter Schlangen zu Recht angemerkt hat, die „Relevanz" des Begriffs und der bis dahin entwickelten Totalitarismustheorien nicht grundsätzlich in Frage gestellt.[63]

1974; Franz L. Neumann, Behemoth. The Structure and Practice of National Socialism 1933–1944, New York 1944; dt. Übersetzung: Behemoth. Struktur und Praxis des Nationalsozialismus 1933–1944, Frankfurt/M. 1977. Vgl. dazu: Wippermann, Faschismustheorien, S. 40ff.

[58] Rudolf Hilferding, Das historische Problem, in: Zeitschrift für Politik NF. 1, 1954, S. 293–324. Dieser Aufsatz, den Hilferding 1940 kurz vor seiner Ermordung durch die Gestapo geschrieben hat, hat einen sehr prägenden Einfluß auf Karl Dietrich Bracher und andere deutsche Historiker ausgeübt, die sich in ihren Forschungen über das Dritte Reich ganz an der Totalitarismustheorie orientierten. Vgl. dazu unten Kap. 3, S. 43ff.

[59] Vgl. dazu: Wippermann, Die Bonapartismustheorie, S. 201ff.

[60] Dazu: Walther L. Bernecker, Krieg in Spanien 1936–1939, Darmstadt 1991, S. 146ff.

[61] George Orwell, Homage to Catalonia, London 1937.

[62] Vgl. unten Kap. 5.

[63] Schlangen, Totalitarismus-Theorie, S. 48.

2. DIE ‚KLASSISCHEN' TOTALITARISMUSTHEORIEN

Die mit weitem Abstand wichtigste und einflußreichste Totalitarismustheorie war zumindest in (West-)Deutschland das idealtypische Totalitarismusmodell von Carl Joachim Friedrich und Zbigniew Brzezinski,[1] das in den 50er und 60er Jahren von der Kommunismus- und im geringeren Maße auch von der Nationalsozialismusforschung angewandt wurde.[2] Dagegen wurde die historisch beschreibende Totalitarismustheorie Hannah Arendts zwar viel und meistens sehr lobend erwähnt, aber in der konkreten Forschung wenig rezipiert.[3] Die ideengeschichtlichen Ableitungen von oder Identifizierungen des Totalitarismus mit früheren Erscheinungen, wie sie unter anderen von Eric Voegelin, Erwin Faul und Jacob L. Talmon vorgelegt worden sind, haben sich dagegen so gut wie gar nicht auf die konkrete Kommunismus- und Faschismusforschung ausgewirkt. Dennoch sind auch sie neben dem idealtypischen Modell von Friedrich und Brzezinski und der Studie von Hannah Arendt, die übrigens ohne diese ideengeschichtlichen Vorläufer und ‚Konkurrenz-Theorien' kaum zu verstehen ist, zu den ‚klassischen' Totalitarismustheorien zu zählen, was jedoch in einigen Überblicken über die Entwicklung der Totalitarismustheorie nicht geschieht.[4]

Die interessanteste, aber lange Zeit fast vergessene und erst jetzt

[1] Carl Joachim Friedrich/Zbigniew Brzezinski, Totalitarian Dictatorship and Autocracy, Cambridge 1956. Für die deutsche Ausgabe zeichnete allein Friedrich verantwortlich: Carl Joachim Friedrich, Totalitäre Diktatur, Stuttgart 1957. Vgl. dazu unten S. 32.

[2] Die Rezeption und zunehmende Kritik wird im Kapitel 3 „Kritik und Antikritik in der Kommunismus- und Faschismusforschung" behandelt.

[3] Hannah Arendt, The Origins of Totalitarianism, New York 1951. Erste deutsche Ausgabe unter dem Titel: Hannah Arendt, Elemente und Ursprünge totaler Herrschaft, Frankfurt/M. 1955. Vgl. dazu unten S. 26ff.

[4] Nur einige verstreute Hinweise auf Talmon und den Begriff der „säkularen Religion" bei: Jänicke, Totalitäre Herrschaft, bes. S. 178f. Bei Schlangen, Totalitarismus-Theorie, werden weder Voegelin noch Faul und Talmon erwähnt. Große Beachtung von Voegelin und des von ihm geprägten Konzepts der „Politischen Religion" dagegen in dem Sammelband von: Maier (Hrsg.), „Totalitarismus" und „Politische Religionen".

wieder entdeckte ideengeschichtliche Ableitung des Totalitarismus stammt ohne Zweifel von Erich Voegelin, der sich nach seiner Emigration in die USA Eric Voegelin nannte.[5] Voegelin war ein Schüler des sozialdemokratischen Staatslehrers Hans Kelsen, dessen positivistische Staatslehre er dann jedoch scharf kritisierte.[6] Voegelin warf Kelsen (sowie Georg Jellinek und Max Weber), wie ich finde, zu Unrecht vor, in der Nachfolge Hegels dem Staat eine „absolute Macht auf Erden" zu verleihen.[7] Damit würde jedoch die „Religion" aus dem Leben der Menschen verdrängt, die dies als Sinnverlust empfinden würden, da jede „Gemeinschaft" einer „religiösen Ordnung" bedürfe: „Das Leben der Menschen in politischer Gemeinschaft kann nicht als ein profaner Bezirk abgegrenzt werden, in dem wir es nur mit Fragen der Rechts- und Machtorganisation zu tun haben. Die Gemeinschaft ist auch ein Bereich religiöser Ordnung, und die Erkenntnis eines politischen Zustandes ist in einem entscheidenden Punkt unvollständig, wenn sie nicht die religiösen Kräfte und die Symbole, in denen sie Ausdruck finden, mit umfaßt, oder sie zwar umfaßt, aber nicht als solche erkennt, sondern in a-religiöse Kategorien übersetzt."[8]

Mit letzterem meinte Voegelin die kommunistischen und faschistischen Massenbewegungen, die die unzulässige Trennung von Politik und Religion ausnützten und die religiösen Bedürfnisse der Menschen durch gewisse pseudoreligiöse Riten und Rituale kompensieren würden, weshalb sie als „politische Religionen" zu bezeichnen seien. Gerade der Nationalsozialismus sei das Endprodukt eines Prozesses „des Verdorrens, der seine Ursachen in der Säkularisierung des Geistes, in der Trennung eines dadurch nur weltlichen Geistes von seinen Wur-

[5] Seine wichtigsten Schriften sind: Erich Voegelin, Rasse und Staat, Tübingen 1933; ders., Der autoritäre Staat, Wien 1936; ders., Die politischen Religionen, Wien 1938, Neuausgabe: Eric Voegelin, Die politischen Religionen, herausgegeben und mit einem Nachwort versehen von Peter J. Opitz, München 1993; ders., Das Volk Gottes, Neuausgabe München 1992; ders., The New Science of Politics, Chicago 1952; ders., Order and History I–V, Baton Rouge 1956–1987; ders., Anamnesis. Zur Theorie der Geschichte und Politik, München 1966; ders., Ordnung, Bewußtsein, Geschichte. Späte Schriften – eine Auswahl, hrsg. von Peter J. Opitz, Stuttgart 1988.

[6] Zum Folgenden: Peter J. Opitz, Nachwort, zu: Voegelin, Die politischen Religionen, S. 69–84; Dietmar Herz, Der Begriff der „politischen Religionen" im Denken Eric Voegelins, in: Maier (Hrsg.), „Totalitarismus" und „Politische Religionen", S. 191–209.

[7] Voegelin, Die politischen Religionen, S. 13.

[8] Ebenda S. 63.

zeln in der Religiösität" habe.[9] Für Voegelin waren also Kommunismus und Faschismus, wie man verkürzend, aber nicht verfälschend sagen kann, das Ergebnis eines allgemeinen Abfalls von Gott.[10]

In seinen weiteren Schriften hat sich Voegelin vor allem auf die folgende untrennbar miteinander verbundene Doppelfrage konzentriert, nämlich, wann dieser Abfall von Gott, der zu einer geistigen Krise geführt habe, begonnen habe und über welche Vorläufer die zeitgenössischen „ideologischen Massenbewegungen"[11] verfügten. Dabei ging Voegelin, wie Dietmar Herz zu Recht bemerkt, geradezu „archäologisch" vor, um „immer tiefere Schichten des modernen Bewußtseins" freizulegen.[12]

Beschäftigte er sich zunächst mit Cromwell und den englischen Puritanern des 16. und 17. Jahrhunderts, die eine neue politische Ordnung nach religiösen Gesichtspunkten gestaltet hätten, wollte er später in den mittelalterlichen Häresien, ja in der spätantiken Gnostik, die verborgene Geheimnisse im und durch den Glauben zu erkennen meinte, die Vorläufer der „ideologischen Massenbewegungen" des 20. Jahrhunderts sehen. Hier bereits habe die „religiös böse, satanische Substanz" der Gegenwart begonnen.[13] Doch nicht genug damit. Später wies Voegelin in diesem Zusammenhang allen Ernstes auf den ägyptischen Pharao Amenotheps IV. (bzw.: Amenophis) hin,[14] der im 14. vorchristlichen Jahrhundert eine neue Sonnenreligion einführen wollte und sich dann Echnaton nannte.

Amenophis-Echnaton ist heute vor allem deshalb bekannt, weil er mit Nofretete verheiratet war, die in einem berühmten Kunstwerk verewigt wurde. Doch das ist sicherlich kein Grund, den Totalitarismus des 20. Jahrhunderts auf einen Pharao des 14. vorchristlichen Jahrhunderts zurückzuführen. Mit diesem Spott ist es nicht getan. So problematisch es erscheinen mag, den Totalitarismus mit einem, was immer das sein mag, „Gnostizismus"[15] zu vergleichen, so sinnvoll ist es, die Wurzeln zumindest einiger Aspekte der kommunistischen und vor allem faschistischen Ideologie in den politisch-religiösen Bewe-

[9] Ebenda S. 6.

[10] Siehe dazu: Opitz, Nachwort, S. 83.

[11] Dieser m. E. gut gewählte Begriff stammt nicht von Voegelin selber, sondern von Opitz, Nachwort, S. 71.

[12] Herz, Der Begriff der „politischen Religionen", S. 195.

[13] Voegelin, Die politischen Religionen, S. 6.

[14] Herz, Der Begriff der „politischen Religionen", S. 195.

[15] Zu diesem von Voegelin geprägten Begriff: Herz, Der Begriff der „politischen Religionen", S. 192.

gungen des Mittelalters und der frühen Neuzeit zu suchen.[16] Ebenso richtig ist es, auf gewisse pseudoreligiöse Aspekte innerhalb der Ideologie und Propaganda sowohl des Faschismus wie des Kommunismus zu verweisen. Die Frage ist nur, ob sie ausreichen, um Faschismus und Kommunismus undifferenziert und pauschal als „politische Religionen" bezeichnen zu können.[17]

Während Voegelins Theorie der „politischen Religionen" heute eine Art Renaissance erfährt, worauf noch einzugehen sein wird,[18] ist die Machiavellismus-These Erwin Fauls mehr oder minder vergessen.[19] Dabei ist Faul keineswegs so weit wie Voegelin in die Vergangenheit zurückgegangen, um den Totalitarismus der Gegenwart zu erklären. Er begnügte sich mit Machiavelli, weil die „totalitären Bewegungen" nichts anderes als ein „übersteigerter Machiavellismus" seien.[20] Unter Machiavellismus will er folgendes verstanden wissen: „Mit dieser Bezeichnung (= Machiavellismus) verbinden wir vielmehr die Vorstellung einer eigentümlichen Zuspitzung, die erst erreicht wird, wenn sich dieses Machtwissen nicht nur von jeder spezifischen Bindung an Normatives freimacht, nicht nur jeden Respekt vor ihm verliert, sondern die politische Nutzung seines Anscheins, ja die Hervorzauberung solcher (täuschender) Glaubensinhalte selbst zum aufgegebenen und technisch lösbaren Problem macht."[21]

Dies war schon in sprachlicher Hinsicht nicht sehr erhellend. Gemeint war zudem etwas relativ Simples. Als Machiavellismus bezeichnet Faul (und nicht nur er) die Lehren Machiavellis, wonach – ich verkürze sehr – sich Politiker nicht unbedingt an moralische Vorschriften halten müßten.[22] Faul analysiert die Rezeption der Schriften Machiavellis durch Marx, Nietzsche, Sorel, Pareto, Lenin, Mussolini und Hitler, um schließlich zum „Massenmachiavellismus der Gegen-

[16] Vgl. etwa die anregende Studie von: Norman Cohn, Das neue irdische Paradies. Revolutionärer Millenarismus und mystischer Anarchismus im mittelalterlichen Europa, Reinbek 1988; und den Versuch Arno J. Mayers, die ideologischen Wurzeln des Holocaust in den Judenmassakern während des ersten Kreuzzuges zu suchen: Arno J. Mayer, Der Krieg als Kreuzzug. Das Deutsche Reich, Hitlers Wehrmacht und die „Endlösung", Reinbek 1989.

[17] Siehe dazu auch die Kritik von Herz, Der Begriff der „politischen Religionen", S. 209.

[18] Vgl. dazu unten Kap. 8, S. 107ff.

[19] Erwin Faul, Der moderne Machiavellismus, Köln–Berlin 1961.

[20] Ebenda S. 13.

[21] Ebenda S. 18.

[22] Ausführlich dazu: ebenda S. 30ff.

wart"[23] zu kommen, der die „alte machiavellistische Zweiheit von ‚Täuschung und Gewalt'" als „Regierungsmittel" einsetzen würde.[24] Was dies konkret bedeuten soll, wird jedoch leider nicht ausgeführt. Ebenfalls nicht erklärt wird der Begriff der „Sozialreligionen", worunter Faul offensichtlich nahezu alle politischen Bewegungen vom „Jakobinismus" bis hin zum Faschismus versteht.

Einen ebenso weiten Bogen hat der israelische Ideenhistoriker Jacob L. Talmon in seiner dreibändigen „Geschichte der totalitären Demokratie" geschlagen, von der der erste Band 1961, der zweite 1963 und der dritte und letzte erst 1981 erschienen ist.[25] Tatsächlich hat Talmon seine voluminöse Darstellung mit Rousseau, Mably, Robespierre, Saint-Just und anderen Jakobinern (vor allem Babeuf) begonnen, um dann im zweiten Band über Saint-Simon und die übrigen Frühsozialisten sowie Fichte und Marx auf Repräsentanten des sog. „messianischen Nationalismus" wie Lamennais, Michelet, Mazzini und Mickiewicz einzugehen.[26] Nach einer ausführlichen Beschäftigung mit der industriellen Revolution sowie den Revolutionen von 1848 und 1917 kommt er schließlich im dritten und letzten Band auf die „totalitäre Polarisierung im 20. Jahrhundert" zu sprechen.[27]

Ohne hier auf Einzelheiten einzugehen, kann zusammenfassend gesagt werden, daß Talmon zwar eine insgesamt durchaus imponierende Geistesgeschichte Europas vom ausgehenden 18. bis ins 20. Jahrhundert vorgelegt hat, in der er jedoch die Antwort auf die entscheidende Ausgangsfrage: wie konnte es zur Entstehung des Totalitarismus kommen? – schuldig geblieben ist. Talmons Grundthese ist einfach: Nach der Französischen Revolution habe sich die demokratische Bewegung in einen rechten und linken Flügel aufgespalten. Talmon nennt sie die „liberale und empirische" und die „totalitär messianische Demokratie".[28] Sie unterschieden sich wie folgt: „Liberale Demokraten glauben, daß Mensch und Gesellschaft ohne Anwendung von Zwang, lediglich durch einen Prozeß von ‚trial and error', eines Tages

[23] Ebenda S. 165 ff.

[24] Ebenda S. 327.

[25] Jacob L. Talmon, Die Ursprünge der totalitären Demokratie, Köln–Opladen 1961; ders., Politischer Messianismus. Die romantische Phase, Köln–Opladen 1963; ders., The Myth of Nation and the Vision of Revolution. The Origins of Totalitarian Polarisation in the Twentieth Century, London 1981.

[26] Talmon, Politischer Messianismus.

[27] Talmon, The Myth of Nation and the Vision of Revolution. Dieser Band ist kaum rezipiert und noch nicht einmals ins Deutsche übersetzt worden.

[28] Talmon, Die Ursprünge der totalitären Demokratie, S. 1.

einen Zustand idealer Harmonie erreichen können. Für die totalitäre Demokratie ist dieser Zustand genau definiert und wird als eine Angelegenheit größter Dringlichkeit behandelt, als Aufforderung zu sofortigem Handeln, als unmittelbar bevorstehendes Ereignis."[29]

Zu kritisieren ist hier einmal, daß die Linken – von den Jakobinern über die Demokraten des Vormärz und der Revolution von 1848 bis hin zu den Sozialdemokraten und schließlich den Kommunisten – für den, wie Talmon bezeichnenderweise sagt, „linken Totalitarismus" verantwortlich gemacht werden, während die Wurzeln des ‚rechten Totalitarismus' in den Vorstellungen der Konservativen und Liberalen kaum offengelegt werden. Noch wichtiger ist, daß sich Talmon so gut wie gar nicht mit den Ideologien des Antisemitismus und Rassismus beschäftigt hat, die unzweifelhaft zum Holocaust und zum nationalsozialistischen Rassenmord ganz allgemein geführt haben, aber eben nicht oder zumindest nicht ausschließlich von der „totalitären Linken"[30] vertreten und verbreitet worden sind. Es ist schon erstaunlich, daß Auschwitz und der Antisemitismus im Denken dieses israelischen Gelehrten einen so geringen Stellenwert haben.

Diesen Vorwurf wird man Hannah Arendt, der wir uns jetzt zuwenden wollen, zweifellos nicht machen können. Besteht der gesamte erste Teil, bzw. der erste Band der „Elemente und Ursprünge totaler Herrschaft" doch aus einer Geschichte des Antisemitismus vom ausgehenden 18. bis zum Ende des 19. Jahrhunderts.[31] Sie wird allerdings in eine Geschichte der mittel- und westeuropäischen Juden implementiert, was jedoch den Antisemitismus nicht erklärt, denn dieser wurde nicht von den Juden, sondern ausschließlich von den Nicht-Juden geschaffen. Hinzu kommt, daß die hier gebotene Geschichte der Juden durch die Ausblendung des osteuropäischen Judentums in unzulässiger Weise verkürzt wird. Doch darauf sowie auf ihre viel zu hohe Bewertung des wirtschaftlichen Einflusses gerade der deutschen Juden sowie ihre Differenzierung zwischen den „Parias" und den „Parvenus" unter den Juden soll hier nicht weiter eingegangen werden.

Wichtiger ist der zweite Band, in dem es keineswegs nur um die Entstehung und Entwicklung des „Imperialismus" geht, sondern darum, wie im Zuge der Entfaltung des Kapitalismus und der „Expansion

[29] Ebenda S. 2.

[30] Ebenda S. 7.

[31] Hannah Arendt, Elemente und Ursprünge totaler Herrschaft, Franfurt/M. 1955 (zuerst: 1951). Ich zitiere im folgenden aus der dreibändigen Ausgabe: Hannah Arendt, Elemente und Ursprünge totaler Herrschaft. Bd. I: Antisemitismus, Bd. II: Imperialismus, Bd. III: Totale Herrschaft, Berlin 1975.

des Nationalstaates" eine soziale Schicht entstand, die ein „Bündnis mit dem Kapital" eingegangen sei, und die von Arendt mit aller Verachtung als „Mob" bezeichnet wird.[32] Dieser „Mob" habe sich aus Arbeitslosen und den „Abfällen sämtlicher Klassen und Schichten" zusammengesetzt, wobei Arendt offensichtlich auf den nicht weniger problematischen Begriff des „Lumpenproletariats" rekurriert, aus dem sich nach der Meinung von Marx und Engels die „Dezemberbande" Louis Bonapartes rekrutiert habe, in der spätere marxistische Faschismustheoretiker wie August Thalheimer die Urform der faschistischen Parteien erblicken wollten.[33] Arendts Argumentation ist ähnlich. Dieser „Mob" sei bereits von den imperialistischen Bewegungen des 19. Jahrhunderts instrumentalisiert worden und habe später den „eigentlichen Kern des Faschismus" gebildet.

Weitaus wichtiger erscheint mir jedoch Arendts Skizzierung des „Rassebegriffs" zu sein, der, wie sie einleitend richtig erkennt, keine „deutsche Erfindung" ist. Der Rassismus bzw., wie Arendt formuliert, die „Lehre von einem von der Natur vorgeschriebenen Rassenkampf, aus dem sich der Geschichtsprozeß, vor allem der Auf- und Abstiegsprozeß von Völkern ableiten läßt", sei zu einer geschichtsmächtigen Ideologie geworden, die allenfalls mit der „zur Ideologie erstarrten marxistischen Lehre vom Klassenkampf als dem eigentlichen Motor der Geschichte" zu vergleichen sei.[34]

Im folgenden hat Arendt drei Aspekte herausgearbeitet, die für das Verständnis des Totalitarismus besonders wichtig sind, die jedoch m. E. weit mehr für seine nationalsozialistische als für die kommunistische ‚Variante' gelten.[35] Einmal die – nicht neue – Erkenntnis, daß der Rassismus dem Antisemitismus eine neue Qualität und Radikalität verliehen habe, weil das „Judesein" jetzt als angeboren und unüberwindlich gegolten habe und zu einer, wie Arendt formuliert, „Jüdischkeit"[36] geworden sei, die als eine „natürliche Fatalität wie Klumpfuß und Buckel" angesehen worden sei: „Daß die Vorstellung von einer angeborenen Persönlichkeit, bei welcher man sich vorstellt, daß eine Gabe der Natur den Titel verleiht, den die politische Wirklichkeit versagt hat, wie alle gesellschaftlichen Begriffe darauf hinaus-

[32] Arendt, Band II: Der Imperialismus, S. 50ff.

[33] Vgl. dazu: Wolfgang Wippermann, Die Bonapartismustheorie von Marx und Engels, Stuttgart 1983, S. 61ff. und 201ff.

[34] Ebenda S. 66f.

[35] Siehe dazu unten S. 39.

[36] Arendt, Bd. I: Antisemitimus, S. 155.

lief, sich von anderen zu distanzieren, stellte sich sehr schnell heraus. In diesem Fall haben die Juden die Rechnung bezahlt."

Der zweite wichtige Aspekt ist die anhand der Analyse der Schriften von Fichte, Arndt und Jahn gewonnene Erkenntnis, daß es einen spezifisch „deutschen Rassebegriff" gegeben habe,[37] der „völkische und der Rasseideologie nah verwandte Elemente in sich aufgenommen hat".[38] Daß der deutsche Begriff der Nation, bzw. des Volkes auf der Fiktion einer gemeinsamen „Blutsverwandtschaft"[39] basiere, ist zutreffend. Dennoch hat man bis heute an diesem völkischen, um nicht zu sagen, rassistischen Nationsverständnis festgehalten. Unser immer noch geltendes Staatsbürgerrecht geht von dieser Fiktion aus, weil es alle Deutschen zur einer „Abstammungsgemeinschaft" rechnet, die letztlich durch das Blut bestimmt wird. Juristen sprechen daher vom ‚Blutrecht' – ius sanguinis.[40]

Der „Rassegedanke" sei jedoch nicht zuerst in Deutschland, sondern in Südafrika zum Grundprinzip des Burenstaates geworden, dem Arendt eine geradezu faszinierende Analyse widmet, die die treffende Überschrift „Rasse und Bürokratie" trägt.[41] In Südafrika seien die „Rassentheorien (...) in der Tat auf dem besten Wege (gewesen), eine gleichsam wissenschaftlich kontrollierbare Realität zu finden".[42] Hier sei nämlich vieles von dem „vorgezeichnet" worden, was der nationalsozialistische „Rassenstaat"[43] (und nur er!) später verwirklichen sollte: „Es ist bemerkenswert, wie bereits in diesen frühen Rassegefühlen alles Spätere vorgezeichnet war, das Verständnis für die ‚patria', die wirkliche Bodenlosigkeit, die Verachtung aller Wertungen, die dem Erarbeiten und Geleisteten entspringen und gegen welche die natürlich-physische, von Geburt vorbestimmte Gegebenheit als einzig Absolutes gesetzt wird."[44]

In Südafrika sei die „moderne Mobmentalität mit dem ihr so gemäßen Rassenwahn"[45] zum ersten Mal ausgebildet worden; und hier

[37] Arendt, Bd. II: Imperialismus, S. 75.

[38] Ebenda S. 83.

[39] Ebenda S. 77.

[40] Vgl. dazu: Rogers Brubaker, Staats-Bürger. Deutschland und Frankreich im historischen Vergleich, Hamburg 1994.

[41] Arendt, Bd. II, Imperialismus, S. 105–155.

[42] Ebenda S. 117.

[43] Begriff und Sache nach: Michael Burleigh/Wolfgang Wippermann, The Racial State. Germany 1933–1945, Cambridge 2. Aufl. 1992.

[44] Arendt, Bd. II, Imperialismus, S. 119f.

[45] Ebenda S. 114.

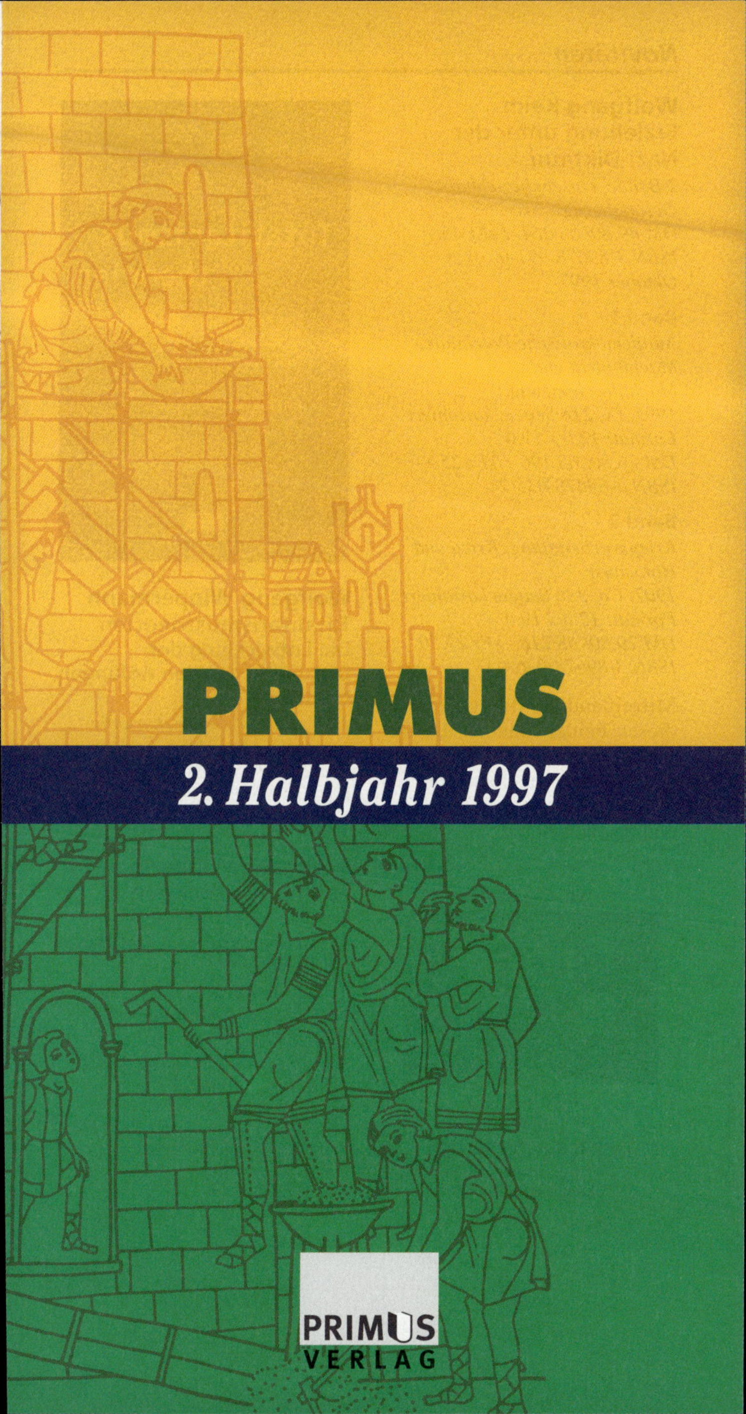

PRIMUS

2. Halbjahr 1997

PRIMUS VERLAG

Novitäten

Wolfgang Keim
Erziehung unter der Nazi-Diktatur

2 Bände, einzeln beziehbar
Gesamtbezug:
DM 49,80/ öS 364,-/ sFr 46.-
ISBN 3-89678-991-0
Oktober 1997

Band 1
Antidemokratische Potentiale, Machtantritt und Machtdurchsetzung
1995. IX, 218 Seiten, kartoniert
Format: 12,0 x 19,0
DM 26,80/ öS 196,- /sFr 25.-
ISBN 3-89678-035-2

Band 2
Kriegsvorbereitung, Krieg und Holocaust
1997. Ca. 336 Seiten, kartoniert
Format: 12,o x 19,0
DM 29,80/ öS 218,- sFr 27.50
ISBN 3-89678-036-0

Mitreißend schildert Keim in diesen beiden Bänden die Geschichte der »Nazi-Pädagogen« und entdeckt dabei auch die Erziehungswissenschaftler im Exil und im Widerstand.

Wolfgang Wippermann
Totalitarismustheorien
Die Entwicklung der Diskussion von den Anfängen bis heute
1997. Ca. 136 Seiten, kartoniert
Format: 13,5 x 21,5
DM 29,80/ öS 218,–/ sFr 27.50
ISBN 3-89678-053-0
September 1997

Wolfgang Wippermann
Faschismustheorien
Die Entwicklung der Diskussion von den Anfängen bis heute
7., überarbeitete Auflage 1997.
VI, 130 Seiten, kartoniert
Format: 13,5 x 21,5
DM 29,80/ öS 218,–/ sFr 27.50
ISBN 3-89678-062-X
September 1997

sei auch die „Idee des ‚Verwaltungsmassenmordes', mit der die Nazis die Judenfrage lösten und mit der sie hofften, alle noch verbliebenen demographischen Probleme der Welt zu lösen", entwickelt und angewandt worden.[46] In der südafrikanischen „Rassengesellschaft" habe auch der Antisemitismus seine moderne rassenantisemitische Färbung erhalten: „Hier waren die Juden zum ersten Mal in eine Rassengesellschaft geworfen, und da sie die für die Anfangsstadien der imperialistischen Entwicklung so wichtige Position des Finanziers nahezu monopolisierten, war es nur natürlich, daß der Haß der Buren auf die Uitlanders sich auf die Juden konzentrierte und den Antisemitismus in die burische Rassenweltanschauung einbezog."[47]

Berücksichtigt man, daß es bereits in Südafrika zu dem schon erwähnten „Bündnis von Mob und Kapital" und zur Entstehung eines Wirtschaftssystems gekommen sei, in dem „alle Regeln der Rentabilitätskalkulation über Bord geworfen wurden", was an das „aus der Geschichte Nazideutschlands so bekannte Phänomen einer weder sozialistischen noch am Profit orientierten Wirtschaft" erinnere, [48] dann „schienen in der Tat alle Elemente für jedermann greifbar vorzuliegen, die nur zusammengeschmolzen zu werden brauchten, um ein totalitäres Regime auf der Basis einer Rassedoktrin zu errichten".[49]

Doch dies trifft m. E. nur für den nationalsozialistischen „Rassenstaat" zu.[50] Und tatsächlich lesen sich die beiden ersten Teile bzw. Bände über „Antisemitismus" und „Imperialismus" wie eine Vorgeschichte des Dritten Reiches, das wirklich als „totalitäres Regime auf der Basis einer Rassedoktrin" zu bezeichnen ist. Ursprünglich hatte Arendt auch vorgehabt, einen „Frontalangriff auf das europäische neunzehnte Jahrhundert" durchzuführen, „aus denen sich die totale Herrschaft in Deutschland herauskristallisierte".[51]

Doch im dritten Band hat sie diese Zielsetzung verlassen und versucht, die „Elemente" der „totalen Herrschaft" nicht nur im nationalsozialistischen Deutschland, sondern auch in der Sowjetunion zu skizzieren.[52] Bei beiden Regimen handele es sich um Formen ein und

[46] Ebenda S. 107.

[47] Ebenda S. 128 f.

[48] Ebenda S. 131.

[49] Ebenda S. 154. Meines Wissens ist diese Kontinuitätsthese nach Arendt von niemandem mehr vertreten worden.

[50] Dies wird in dem bereits erwähnten Buch von Burleigh/Wippermann, The Racial State, näher ausgeführt.

[51] Elisabeth Young-Bruehl, Hannah Arendt, Frankfurt/M. 1991, S. 285.

[52] Arendt, Bd. III: Totale Herrschaft.

desselben Typus.[53] Voraussetzung für die Entstehung dieser „neuen Staatsform" sei der „Untergang der Klassenherrschaft"[54] und die nachfolgende Atomisierung der orientierungslos gewordenen „Massen",[55] was zu dem schon erwähnten „Bündnis zwischen Mob und Elite" geführt habe.[56] Kennzeichen dieser „neuen Staatsform" seien „Ideologie und Terror".[57]

Unter „Ideologie" versteht Arendt eine Theorie, die versucht, „nicht das, was ist, sondern (...) das, was wird, was entsteht und vergeht" zu erklären.[58] Kurt Lenk verwendet dafür den Begriff der „Ausdrucksideologie", die sich von den instrumentalistischen „Rechtfertigungs-", „Komplementär-" und „Verschleierungsideologien" durch ihren programmatischen Charakter unterscheidet. Denn hier wird nichts gerechtfertigt oder verschleiert, sondern etwas proklamiert, was sich „zwangsmäßig" ereignen soll.[59]

Dies trifft auf die programmatische Rassenideologie im nationalsozialistischen „Rassenstaat" unzweifelhaft zu, dessen „Bevölkerungspolitik" darauf abzielte, „die ‚lebensuntauglichen und minderwertigen Rassen und Individuen' (...) zu vernichten".[60] Doch gilt dies auch für die Sowjetunion und ihre kommunistische (oder: leninistische, bzw. stalinistische) Ideologie? Arendt bejaht diese Frage, indem sie die „rassenhygienischen" Ziele der Nationalsozialisten mit den klassenkämpferischen der Bolschewisten weitgehend gleichsetzt. Die Berufung der Nationalsozialisten auf den Rassismus und die „Gesetze der Natur" sei mit dem Bekenntnis der Bolschewisten zur marxistischen Lehre von der Gesetzmäßigkeit der historischen Entwicklung zu vergleichen und weitgehend gleichzusetzen:

„Dem Glauben der Nazis an Rassegesetze lag die Darwinsche Vorstellung vom Menschen als einem eigentlich zufälligen Resultat einer

[53] Im Unterschied zu dem weiter unten beschriebenen Idealtypus von Friedrich und Brzezinski handelt es sich jedoch um einen Realtypus.

[54] Ebenda S. 29 ff. Ob es im nationalsozialistischen Deutschland wirklich zu einem völligen „Untergang der Klassenherrschaft" gekommen ist, scheint mir fraglich zu sein.

[55] Ebenda S. 33 ff.

[56] Ebenda S. 62 ff.

[57] Dazu und zum Folgenden das abschließende 13. Kapitel „Ideologie und Terror: eine neue Staatsform", in: ebenda S. 237 ff.

[58] Ebenda S. 252.

[59] Kurt Lenk, Volk und Staat. Strukturwandel politischer Ideologien im 19. und 20. Jahrhundert, Stuttgart 1971, S. 20 ff.

[60] Arendt, Bd. III: Totale Herrschaft, S. 238.

Naturentwicklung zugrunde, die nicht notwendig mit dem Menschen an ihr Ende gekommen zu sein braucht. Dem Glauben der Bolschewisten an Geschichtsgesetze liegt Marx' Vorstellung von der menschlichen Gesellschaft als dem Resultat eines gigantischen Geschichtsprozesses zugrunde, der mit immer vergrößerter Geschwindigkeit seinem Ende entgegenrast und sich selbst als Geschichte aus der Welt schafft."[61]

Ich halte diese weitgehende Gleichsetzung des „historischen Materialismus" und des „Rassismus" für falsch.[62] Es gibt zwischen dem „Recht der Natur" und dem „Gesetz der Geschichte",[63] bzw. zwischen der marxistischen „Lehre vom Kampf der Klassen" und der (von den Nationalsozialisten) übernommenen darwinistischen „Lehre vom Recht des Stärkeren" Unterschiede.[64] Folglich darf man die Vernichtung von „lebensuntauglichen und minderwertigen Rassen und Individuen (...) und sterbenden Klassen" nicht gleichsetzen.[65]

Daher hat der in beiden Regimen unzweifelhaft vorhandene Terror auch eine unterschiedliche Funktion und Zielsetzung gehabt. Schließlich wird dieser Terror „in Übereinstimmung mit außermenschlichen Prozessen und ihren natürlichen oder gesetzlichen Gesetzen vollzogen".[66] Im Dritten Reich richtete sich dieser Terror vornehmlich gegen „minderwertige Rassen", in der Sowjetunion gegen „sterbende Klassen". Die „Gaskammern des Dritten Reiches und die Konzentrationslager der Sowjetunion"[67] sind zwar unter moralischen Gesichtspunkten zu verurteilen, aber in historischer Hinsicht nicht gleichzusetzen.

Es ist einfach falsch, wenn Arendt meint, daß die „Konzentrations- und Vernichtungslager" „dem totalen Herrschaftsapparat als Laboratorien" gedient hätten, „in denen experimentiert" wurde, „ob der fundamentale Anspruch der totalitären Systeme, daß Menschen total beherrschbar sind, zutreffend ist."[68] Auschwitz war kein „Laboratorium". Diese Metapher ist unangebracht. Auschwitz(-Birkenau) war eine Todesfabrik. In den nationalsozialistischen Vernichtungslagern

[61] Ebenda S. 242.
[62] Ebenda S. 242.
[63] Ebenda S. 240.
[64] Ebenda S. 251.
[65] Ebenda S. 238.
[66] Ebenda S. 245.
[67] Ebenda S. 238.
[68] Ebenda S. 210.

ging es nicht um das „Überflüssigwerden von Menschen" generell,[69] sondern um die Vernichtung von Angehörigen einer genau bestimmten „Rasse".

Von Arendt werden jedoch nicht nur die Unterschiede zwischen den nationalsozialistischen Konzentrations- und Vernichtungslagern und den sowjetischen Zwangsarbeitslagern übersehen, auch ihre Beschreibung des Aufbaus des „Staatsapparates"[70] in den „totalitären" Staaten weist Fehler auf, worauf hier jedoch nicht weiter eingegangen werden soll. Wichtig und bemerkenswert ist dagegen, daß sie im 1967 geschriebenen Vorwort zur deutschen Ausgabe ganz dezidiert die These vertreten hat, daß es in der Sowjetunion nach Stalins Tod zu einem „Abbau der totalen Herrschaft" gekommen sei,[71] weshalb die „totale Herrschaft" hier „nicht weniger ihr Ende gefunden hat als in Deutschland mit dem Tod Hitlers".[72]

Diese Wandlung und Wandlungsfähigkeit „totalitärer" Regime ist dagegen von Carl Joachim Friedrich und Zbigniew Brzezinski nicht erkannt und nicht berücksichtigt worden.[73] Im Unterschied zu Arendt (sowie auch Voegelin, Faul und Talmon) haben Carl Joachim Friedrich und Zbigniew Brzezinski auf eine ideengeschichtliche Herleitung oder sonstigen Darstellung der „Voraussetzungen" der von ihnen sogenannten „totalitären Diktatur" weitgehend verzichtet. Nur sehr vage und ungenau weisen sie in dem Kapitel über die „geschichtlichen Wurzeln der totalitären Ideologie" darauf hin, daß die ideengeschichtlichen Ursprünge des Totalitarismus „in der Gesamtheit abendländischen politischen Denkens" zu suchen seien, wobei sie dann ziemlich pauschal und völlig undifferenziert so unterschiedliche Personen wie „Marx und Hegel, Nietzsche und Hobbes, Kant und Rousseau, Plato und Aristoteles, Augustin, Luther und Calvin" nen-

[69] Ebenda S. 233: „Der Versuch der totalen Herrschaft, in den Laboratorien der Konzentrationslager das Überflüssigwerden von Menschen herauszuexperimentiren, entspricht aufs genaueste den Erfahrungen anderer Massen von ihrer eigenen Überflüssigkeit in einer übervölkerten Welt und der Sinnlosigkeit dieser Welt selbst."

[70] Ebenda S. 143 ff.

[71] Ebenda S. 21.

[72] Ebenda S. 25.

[73] Carl Joachim Friedrich/Zbigniew Brzezinski, Totalitarian Dictatorship and Autocracy, Cambridge 1956. Für die deutsche Ausgabe zeichnete Friedrich allein verantwortlich. Carl Joachim Friedrich unter Mitarbeit von Zbigniew Brzezinski, Totalitäre Diktatur, Stuttgart 1957. Ich zitiere im folgenden aus der deutschen Ausgabe.

nen.[74] Im weiteren Verlauf dieses insgesamt unzureichenden Kapitels, was Friedrich im Nachwort zur Neuauflage von 1965 selber konstatiert hat,[75] findet man zwar noch einige Bemerkungen zur Beeinflussung Hitlers durch Machiavelli[76] und, was seinen Antisemitismus angeht, die in seiner Wiener Zeit gemachten Erfahrungen,[77] doch damit wird die abschließende apodiktische Behauptung, daß Faschismus und Kommunismus „Erfolgsphilosophien" seien, die „sich aufbauen auf der Zuversicht, daß die Geschichte auf ihrer Seite ist",[78] keineswegs belegt.

Damit wird ein Grundproblem des Buches angesprochen, das beiden Autoren selber bewußt ist. Geben sie doch in der Einleitung selber zu, daß „diese Diktaturen", womit das Dritte Reich und die Sowjetunion gemeint sind, „offensichtlich nicht vollkommen gleich sind", weil „jedermann" wisse, „daß die Kommunisten behaupten, sie strebten die Weltrevolution des Proletariats an, während die Faschisten darauf bestanden, daß es ihre Aufgabe sei, die Weltherrschaft eines bestimmten Volkes oder zumindest seine Vorherrschaft zu erringen".[79] In einem früheren Aufsatz hatte Friedrich sogar festgestellt: „Offenbar sind sie (= die Kommunisten und Faschisten) doch in ihrer Zielsetzung nicht gleich."[80]

Dennoch gehen Friedrich und Brzezinski von der apodiktischen Behauptung aus, daß „die totalitäre Diktatur" einmal „historisch einzigartig und sui generis ist", und zum anderen, „daß die faschistischen und kommunistischen Diktaturen in ihren wesentlichen Zügen gleich sind, d. h. daß sie sich untereinander mehr ähneln als anderen Systemen staatlicher Ordnung, einschließlich älterer Formen der Autokratie".[81] Diese Annahmen, die sie hier selber als „Hypothesen" bezeichnen, wollen sie „aus dem Tatsachenmaterial zu erhärten" versuchen."[82]

[74] Ebenda S. 32 f.

[75] Friedrich, Totalitäre Diktatur, S. 604 f.

[76] Ebenda S. 33.

[77] Ebenda S. 45.

[78] Ebenda S. 46 f.

[79] Ebenda S. 17.

[80] Carl Joachim Friedrich, The Unique Character of Totalitarian Society, in: ders. (Hrsg.), Totalitarianism, Cambridge 1954, S. 47–60; dt. Übersetzung: Der einzigartige Charakter der totalitären Gesellschaft, in: Seidel/Jenkner (Hrsg.), Wege der Totalitarismus-Forschung, S. 179–196, S. 182.

[81] Friedrich, Totalitäre Diktatur, S. 12.

[82] Ebenda.

Wie immer man diese Methode beurteilt, mit dem Max Weberschen „Realtypus" hat dies nichts zu tun.[83] Tatsächlich handelt es sich, auch wenn dies Friedrich selber vehement abgestritten hat,[84] um ein idealtypisches Verfahren, mit dem Friedrich und Brzezinski das Wesen der „totalitären Diktatur" bestimmen. Danach sind Staaten als totalitär zu bezeichnen, die die folgenden sechs idealtypischen Merkmale aufzuweisen haben: wenn 1. eine Ideologie vertreten wird, die sich entweder gegen „feindliche" Klassen oder Rassen richtet; 2. ein Terrorsystem errichtet worden ist, das sich wiederum entweder gegen Rassen oder Klassen richtet; 3. die Wirtschaft vollkommen der staatlichen Kontrolle unterworfen und zur bloßen „Befehlswirtschaft" geworden ist; 4. ein monolithisch geschlossenes Einparteienregime mit einem allmächtigen Führer an der Spitze besteht; 5. der Staat über ein Nachrichten- und 6. über ein Waffenmonopol verfügt.[85]

Daß dies keine unzulässige Verkürzung ist, zeigt das folgende Zitat, in dem Friedrich und Brzezinski selber ihre Theorie zusammengefaßt haben: „Die entscheidenden Wesenszüge, von denen wir behaupten, daß sie allen totalitären Diktaturen gemeinsam sind und ihre Gestalt ausmachen, sind die sechs folgenden: eine Ideologie, eine Partei, eine terroristische Geheimpolizei, ein Nachrichtenmonopol, ein Waffenmonopol und eine zentral gelenkte Wirtschaft."[86]

Problematisch an diesem idealtypischen Totalitarismusmodell von Friedrich und Brzezinski war einmal sein statischer Charakter, der Wandlungen im noch existierenden kommunistischen „Ostblock" a priori ausschloß. Hinzu kam zweitens, daß die einzelnen Merkmale des Modells so wenig bewiesen, aber zugleich so apodiktisch formuliert waren, daß auch kleinere Korrekturen durch die empirische Kommunismus- und Nationalsozialismusforschung die ganze Theorie ins Wanken bringen mußten. Beides soll im folgenden Kapitel gezeigt werden.

[83] Andere Auffassung bei: Schlangen, Totalitarismus-Theorie, S. 52.

[84] Carl Joachim Friedrich, Politische Wissenschaft, Freiburg 1961, S. 19f.

[85] Eine erste Formulierung dieses Merkmalskatalogs, wobei jedoch das Kriterium der „Befehlswirtschaft" noch fehlt, in: Friedrich, Der einzigartige Charakter, S. 185f.

[86] Friedrich, Totalitäre Diktatur, S. 19.

3. KRITIK UND ANTIKRITIK IN DER KOMMUNISMUS-, NATIONALSOZIALISMUS- UND FASCHISMUSFORSCHUNG

In der angloamerikanischen und westdeutschen Kommunismusforschung sind die ideengeschichtlichen Werke von Voegelin, Faul und Talmon so gut wie gar nicht rezipiert worden. Erstaunlicherweise wurde auch Hannah Arendts Totalitarismustheorie in der konkreten Forschung kaum angewandt und modifiziert. Einen vorherrschenden Einfluß übte dagegen das Totalitarismusmodell von Friedrich und Brzezinski aus. Seine offenkundigen Schwächen wurden jedoch sehr bald durch die Geschichte selber unter Beweis gestellt.[1]

Fanden doch nach dem Tod Stalins im Jahr 1953 und dem XX. Parteitag der KPdSU 1956 bedeutsame Wandlungen in der Sowjetunion und dem Ostblock statt. Dies gilt insbesondere für die Reduzierung (keineswegs völlige Abschaffung) der Gulags, die weitgehende Beseitigung des noch unter Stalin vorherrschenden Personenkults und die, wie wir heute wissen, allerdings nur partielle und temporäre Abschwächung des bis dahin allgegenwärtigen Terrors in der Sowjetunion selber. Vielleicht noch wichtiger war, daß der so monolithisch und geschlossen wirkende „Ostblock" deutliche „Risse" aufwies,[2] als zunächst Jugoslawien, dann China und schließlich auch Rumänien den absoluten Führungsanspruch der Sowjetunion in Frage stellten, ohne jedoch die diktatorische Struktur ihrer Regime in irgendeiner Weise zu „liberalisieren". Im Gegenteil kann man fast sagen. Sowohl im Jugoslawien Titos wie im Rumänien Ceauşescus hielt man an einem äußerst brutalen Terrorregiment fest. In China kam es während der sog. Kulturrevolution geradezu zu Exzessen der Gewalt, die im

[1] Die im folgenden skizzierte Entwicklung ist ausführlich dokumentiert in den Sammelbänden und Überblicken von Seidel/Jenkner, Jänicke und Schlangen. Ich fasse mich daher sehr kurz.

[2] Karl W. Deutsch, Risse im Monolith: Möglichkeiten und Arten des Desintegration in totalitären Systemen (1954), in: Seidel/Jenkner (Hrsg.), Totalitarismusforschung, S. 197–227. Deutsch stellte eine „Überlastung" der „Befehlszentrale" des „totalitären Regierungssystems" in der Sowjetunion selber und eine „Korrosion seiner ursprünglich zentralisierten Struktur" fest (S. 212).

Hinblick auf Ausmaß und Intensität mit denen in der Sowjetunion unter Stalin durchaus zu vergleichen waren.

Obwohl man gut daran tut, das Ausmaß der sog. Entstalinisierung nicht zu überschätzen und den in der Hochzeit der Entspannungspolitik vielfach gebrauchten Begriff der „Liberalisierung" zu vermeiden, waren dies Entwicklungen, die in dem notwendigerweise statischen Totalitarismusmodell Friedrichs und Brzezinskis nicht vorgesehen waren. Es erwies sich daher als notwendig, die Theorie an die Realität anzupassen, was zu ihrer Veränderung führte. So schlug Martin Drath 1958 vor, innerhalb des erwähnten Merkmalskatalogs zwischen „Primär-" und variableren „Sekundärphänomen" zu unterscheiden.[3] Zu den letzteren zählte Drath den (schwächer gewordenen) Terror und die Propaganda sowie die (nicht mehr geschlossene und unangreifbare) Parteiherrschaft. Das Streben der totalitären Staaten, „ein neues gesellschaftliches Wertungssystem durchzusetzen", bezeichnete Drath als das immer noch anzutreffende „Primärphänomen" des Totalitarismus.

1961 forderte Peter Christian Ludz gar eine „Neuformulierung der Theorie des Totalitarismus",[4] weil sich die „bolschewistischen Gesellschaftssysteme (...) trotz der monopoloiden Herrschaft einer Partei, die die Propaganda und die organisierten Massen kontrolliert und immer neue Formen der Kontrolle erfindet – (als) wandlungsfähig" erwiesen hätten.[5] Dieses Postulat erfüllte Ludz dann drei Jahre später selber, als er den „Entwurf einer soziologischen Theorie totalitär verfaßter Gesellschaft" vorlegte.[6] Zentraler Bestandteil dieser neuen Theorie, mit der die alte Totalitarismustheorie von Friedrich und Brzezinski faktisch widerlegt wurde, war die Behauptung, daß ein „bolschewistisches System unter den Bedingungen der Industriegesellschaft (...) eher zu einer autoritären als zu einer totalitären Verfassung" tendiere.[7]

Diese Theorie wandte Ludz wenig später in einer empirischen Studie über die „Parteielite" der DDR an. Dort vertrat er dezidiert die

[3] Martin Drath, Totalitarismus in der Volksdemokratie, in: Seidel/Jenkner (Hrsg.), Totalitarismusforschung, S. 310–385.

[4] Peter Christian Ludz, Offene Fragen in der Totalitarismusforschung (1961), in: Seidel/Jenkner (Hrsg.), Totalitarismusforschung, S. 466–512.

[5] Ebenda S. 495.

[6] Peter Christian Ludz, Entwurf einer soziologischen Theorie totalitär verfaßter Gesellschaft, in: Seidel/Jenkner (Hrsg.), Totalitarismusforschung, S. 532–559.

[7] Ebenda S. 549.

These, daß sich die DDR zu einem „autoritären“ Staat zurückgebildet habe, weil es hier zur Bildung einer „modernen Industriegesellschaft“ gekommen sei, die von einer neuen technokratischen Elite regiert werde, welche auf den Einsatz von Terror weitgehend verzichte und verzichten könne.[8] Daraus zog Ludz den Schluß: „Eine sich wandelnde Gesellschaft jedoch, in der Terror und Zwang zwar vorhanden sind, jeweils aber einen anderen Stellenwert einnehmen, ist offenbar weder mit dem Ideal- noch mit dem Durchschnittstypus ‚totalitäres System‘ adäquat zu erfassen.“[9]

Einige der DDR- und Kommunismusforscher erwarteten sogar eine weitgehende Angleichung der östlichen an die westlichen Industriegesellschaften, was sie mit „Konvergenztheorien“ und „Systemvergleichen“, die keineswegs immer zu Lasten der kommunistischen Diktaturen ausgingen, zu begründen suchten.[10] Derartiges entbehrte jeder realistischen Basis, was man schon damals hätte wissen können.[11] Doch darauf kann hier nicht weiter eingegangen werden.[12] Festzuhalten ist, daß die weitaus meisten deutschen und internationalen Kommunismusforscher in den 70er und 80er Jahre das bis dahin vorherrschende Totalitarismusmodell von Friedrich und Brzezinski zunehmend in Zweifel gestellt und schließlich mehr oder minder gänzlich aufgegeben haben.

[8] Peter Christian Ludz, Parteielite im Wandel. Funktionsaufbau, Sozialstruktur und Ideologie der SED-Führung, Köln–Opaden 1968. Übernommen und weitergeführt wurde diese These dann unter anderen von: Kurt Sontheimer/Wilhelm Bleek, Die DDR. Politik, Gesellschaft, Wirtschaft, Hamburg 5. Aufl. 1976; Horst Dähn, Das politische System der DDR, Berlin 1985; Dietrich Staritz, Geschichte der DDR 1949–1985, Frankfurt/M. 1985; Gert-Joachim Glaeßner (Hrsg.), Die DDR in der Ära Honecker. Politik – Kultur – Gesellschaft, Opladen 1989.

[9] Ludz, Entwurf einer soziologischen Theorie, S. 541.

[10] Derartige „Systemvergleiche“ zwischen der demokratischen Bundesrepublik und der diktatorischen DDR konnte man in den 80er Jahren dann selbst in westdeutschen Schulbüchern finden.

[11] Im Unterschied zu vielen seiner Kollegen hat der DDR-Experte Hermann Weber die Konvergenztheorien immer abgelehnt und an seinem Stalinismus-Konzept festgehalten. Allerdings hat auch er die Stabilität des Regimes vor 1989 überschätzt. Vgl.: Hermann Weber, Die DDR 1945–1986, München 1988. Anders dagegen: Hermann Weber, DDR. Grundriß der Geschichte. Vollständig überarbeitete und ergänzte Neuauflage, Hannover 1991.

[12] Vgl. dazu die allerdings extrem polemische Kritik der alten DDR-Forschung durch: Klaus Schroeder/Jochen Staadt, Der diskrete Charme des Status Quo. DDR-Forschung in der Ära der Entspannung, Berlin 1992.

In der Nationalsozialismusforschung war dies ähnlich.[13] Auch hier wurden die Mängel des Totalitarismusmodells von Friedrich und Brzezinski immer offenbarer. So erklärte Otto Stammer schon 1961, daß die Friedrichsche These, wonach „die faschistischen und kommunistischen totalitären Diktaturen in ihren wesentlichen Zügen gleich sind", falsch sei.[14] Die meisten NS-Forscher haben auch gar nicht versucht, diese Totalitarismustheorie zu beweisen, weshalb sie von vornherein auch auf Vergleiche zwischen dem Dritten Reich und den kommunistischen Staaten weitgehend verzichtet haben.[15]

NS-Forscher fanden zudem heraus, daß wesentliche Elemente des Totalitarismusmodells in der empirischen Realität des Dritten Reiches nicht anzutreffen waren.[16] So wurde die Wirtschaft im Dritten Reich keineswegs einer totalen staatlichen Kontrolle unterworfen, wie dies Friedrich und Brzezinski angenommen hatten.[17] Ferner wurde darauf hingewiesen, daß die nationalsozialistischen und die kommunistischen Regime völlig unterschiedliche sozioökonomische Strukturen gehabt und geradezu diametrale ideologische Zielsetzungen verfolgt hätten, weshalb sich der in beiden Regimen unzweifelhaft vorhandene

[13] Zum Folgenden: Institut für Zeitgeschichte (Hrsg.), Totalitarismus und Faschismus. Eine wissenschaftliche und politische Begriffskontroverse. Colloquium im Institut für Zeitgeschichte, München 1980; Wolfgang Wippermann, Forschungsgeschichte und Forschungsprobleme, in: ders. (Hrsg.), Kontroversen um Hitler, Frankfurt/M. 1986, S. 57ff.; Ian Kershaw, Der NS-Staat. Geschichtsinterpretationen und Kontroversen im Überblick, Reinbek 1988, S. 48ff.; Hans Mommsen, Leistungen und Grenzen des Totalitarismus-Theorems: die Anwendung auf die nationalsozialistische Diktatur, in: Maier (Hrsg.), „Totalitarismus" und „Politische Religionen", S. 291–300.

[14] Otto Stammer, Aspekte der Totalitarismusforschung (1961), in: Seidel/Jenkner (Hrsg.), Totalitarismusforschung, S. 414–437, S. 422.

[15] Ein Ausnahme war Oskar Anweiler, der die Erziehungssysteme in der Sowjetunion und dem Dritten Reich miteinander verglich, wobei er auf mehr Unterschiede als Gemeinsamkeiten stieß. Vgl.: Oskar Anweiler, Totalitäre Erziehung. Eine vergleichende Untersuchung zum Problem des Totalitarismus (1964), in: Seidel/Jenkner (Hrsg.), Totalitarismusforschung, S. 179–190.

[16] Vgl. dazu den ganz vorzüglichen Aufsatz von: Uwe Dietrich Adam, Anmerkungen zu methodologischen Fragen in den Sozialwissenschaften: Das Beispiel Faschismus und Totalitarismus, in: Politische Vierteljahresschrift 16, 1975, S. 55–88.

[17] So bereits: Dietmar Petzina, Die deutsche Wirtschaft in der Zwischenkriegszeit, Wiesbaden 1977. Gute Zusammenfassung des Forschungsstandes bei: Fritz Blaich, Wirtschaft und Rüstung im „Dritten Reich", Düsseldorf 1987.

Terror gegen unterschiedliche Opfer gerichtet habe.[18] Im Dritten Reich waren es die Juden und andere angeblich „rassisch minderwertige“ Personen. In der Sowjetunion wurden Angehörige bestimmter Klassen bzw. sozialer Schichten verfolgt und ermordet.

Schließlich wurde auch das vierte Element dieses Totalitarismusmodells in Frage gestellt. Verschiedene Nationalsozialismusforscher vertraten nämlich die These, daß das Dritte Reich keineswegs so monolithisch totalitär strukturiert gewesen ist, sondern statt dessen von so vielen Kompetenzstreitigkeiten gekennzeichnet war, daß es eher einen polykratischen Charakter hatte.[19] Martin Broszat hat diese Kontroverse folgendermaßen zusammengefaßt:

„Während die weltanschauliche Zielstrebigkeit Hitlers und seine bis zum Ende nicht angefochtene absolute Führerstellung sowie die sich daraus ergebende Radikalität des NS-Regimes für zahlreiche Historiker die entscheidenden Merkmale des Dritten Reiches sind, begnügen sich andere, vor allem auch sozialhistorisch orientierte Forscher nicht mit dieser Sicht eines totalitären, monokratischen Führerstaates. Sie erblicken vielmehr in dem Zusammenhang zwischen dem Führerabsolutismus an der Spitze und der zunehmenden Auflösung ordnungsstaatlicher, regulativer und rationaler Elemente im Herrschaftsgefüge des Dritten Reiches eine wesentliche strukturelle Ursache bzw. Voraussetzung der Durchsetzungsfähigkeit extremer und verbrecherischer Ziele in der Endphase des Regimes.“[20]

Während diese Nationalsozialismusforscher die Anwendbarkeit des Friedrichschen Totalitarismusmodells auf das Dritte Reich mehr und mehr in Frage stellten, um es schließlich ganz aufzugeben, ordneten andere Historiker das Dritte Reich nicht mehr in die Gruppe der totalitären, sondern der faschistischen Diktaturen ein. Einen prägenden Einfluß übten dabei die Werke von Ernst Nolte über den Faschismus aus.[21] Nolte definierte Faschismus als „Anti-Marxismus, der den Gegner durch die Ausbildung einer radikal entgegengesetzten und doch benachbarten Ideologie und die Anwendung von nahezu

[18] Burleigh/Wippermann, The Racial State, S. 15ff.

[19] Ausführlich zu dieser nach wie vor kontrovers diskutierten Frage: Gerhard Hirschfeld/Lothar Kettenacker (Hrsg.), Der Führerstaat. Mythos und Realität, Stuttgart 1981.

[20] Martin Broszat, in: ders./Norbert Frei (Hrsg.), Ploetz. Das Dritte Reich. Ursprünge, Ereignisse, Wirkungen, Freiburg 1983, S. 13f.

[21] Ernst Nolte, Der Faschismus in seiner Epoche. Die Action française. Der italienische Faschismus. Der Nationalsozialismus, München 1963. Vgl. zum Folgenden auch: Wolfgang Wippermann, Vom „erratischen Block“ zum Scher-

identischen und doch charakteristisch umgeprägten Methoden zu vernichten trachtet, stets aber im Rahmen nationaler Selbstverwaltung und Autonomie.[22]“

Dieses ambivalente Verhältnis weise der Faschismus jedoch nicht nur gegenüber seinem Gegner, dem Kommunismus, sondern auch gegenüber seinem Bundesgenossen, dem Bürgertum, auf, das er vor dem Kommunismus beschütze, um es jedoch gleichzeitig zu unterjochen. Der Faschismus stelle daher eine „revolutionäre Reaktion“ bzw. eine „Gegenrevolution mit revolutionären Mitteln“ dar. Ferner würden sich die Faschismen im Hinblick auf ihre Ideologie und ihr äußeres Erscheinungsbild ähneln, so daß sie in die folgende Typologie eingeordnet werden könnten:

„Als faschistisch werden (...) alle Parteien, Bewegungen und Tendenzen bezeichnet, die offenkundig weiter rechts stehen, d. h. vor allem auf radikalere Weise antikommunistisch sind, als die aus der Zeit vor dem Weltkrieg bekannten rechtsgerichteten Parteien, die jedoch zugleich in sehr viel stärkerem Maße linke Elemente in sich enthalten als diese. Ganz pragmatisch und äußerlich sind sie an ihrer Vorliebe für Uniformen, ihrer Neigung zum Führerprinzip und ihrer unverkennbaren Sympathie für Mussolini oder Hitler bzw. für beide zu erkennen. Wenn nur einzelne dieser Kennzeichen deutlich ausgeprägt sind, darf von Philofaschismus oder Halbfaschismus gesprochen werden, wo bei einer Partei mit andersartigen Wurzeln ein einzelnes dieser Momente stärker hervortritt (z. B. das Prinzip der bewaffneten Parteiarmee), ist unter Umständen die Bezeichnung Pseudofaschismus angebracht. Wo alle wesentlichen Momente nur in Ansätzen vorhanden sind, empfiehlt sich der Terminus Protofaschismus. Es ließe sich mithin die vorgeschlagene geographische Reihenfolge als ein Weg vom Proto- und Halbfaschismus über den in verschiedenen Stufen vollausgebildeten Faschismus zu einem lauwarmen Philofaschismus verstehen.“[23]

Noltes historisch-phänomenologische Faschismustheorie weist Mängel auf:[24] Dies gilt einmal für die ziemlich einseitige Konzentra-

benhaufen. Rückblick auf die Faschismusforschung, in: Thomas Nipperdey u. a. (Hrsg.), Weltbürgerkrieg der Ideologien. Antworten an Ernst Nolte. Festschrift zum 70. Geburtstag, Berlin 1992, S. 207–215.

[22] Nolte, Faschismus in seiner Epoche, S. 51.

[23] Ernst Nolte, Die Krise des liberalen Systems und die faschistischen Bewegungen, München 1968, S. 434 f.

[24] Ausführlich dazu die 7. Auflage meiner Faschismustheorien. Die folgenden Ausführungen sind daher sehr knapp gehalten.

tion auf die Ideologie und das Erscheinungsbild der einzelnen Faschismen. Bei dieser ideengeschichtlichen Vorgehensweise werden die sozial- und wirtschaftsgeschichtlichen Unterschiede zwischen den europäischen Ländern mißachtet. Sie führten dazu, daß es in einigen starke, in anderen dagegen äußerst schwache faschistische Bewegungen gegeben hat. Daher haben sich die einzelnen faschistischen Parteien in ihrem Erscheinungsbild und ihrer Ideologie zwar geähnelt, aber im Hinblick auf ihre soziale Zusammensetzung und Politik unterschieden. Andererseits waren diese Unterschiede wiederum nicht so groß, daß sie die Legitimität des generischen Faschismuskonzepts generell in Frage stellen.[25]

Die Hauptschwäche nicht nur der Nolteschen, sondern jeder Faschismustheorie liegt jedoch darin, daß sie der Bedeutung des Holocaust nicht gerecht wird, denn dieser Völkermord war eher ein „deutsches Projekt"[26] als ein Spezifikum des Faschismus. Obwohl auch das „normalfaschistische" Italien im innen- und außenpolitischen Bereich eine Rassenpolitik betrieben hat,[27] war der Rassenmord im „radikalfaschistischen" Deutschland beispiellos.

Die grundsätzliche Frage ist daher, ob Faschismustheorien (und Totalitarismustheorien!) in der Lage sind, der Spezifik des Holocaust gerecht zu werden. Doch gerade diese Frage ist nur ansatzweise diskutiert worden,[28] weil sich die Debatte mehr auf den politischen Charakter des (generischen) Faschismusbegriffs konzentrierte. Dies war vielleicht unvermeidlich, weil Faschismus- genauso wie Totalitarismustheorien einen Doppelcharakter haben. Sie sind wissenschaftliche Theorien und politische Kampfbegriffe zugleich. Charakterisiert man eine Partei oder ein Regime wie die NSDAP und das Dritte Reich als

[25] Zu diesem Ergebnis ist jetzt auch der amerikanische Faschismusforscher Stanley G. Payne in seinem neuesten Werk gelangt: Stanley G. Payne, A History of Fascim 1914–45, London 1995. Ähnlich: Wolfgang Wippermann, Europäischer Faschismus im Vergleich 1922–1982, Frankfurt/M. 1983.

[26] Begriff von: Daniel Jonah Goldhagen, Hitlers willige Vollstrecker. Ganz gewöhnliche Deutsche und der Holocaust, Berlin 1996.

[27] Wolfgang Wippermann, War der italienische Faschismus rassistisch? Anmerkungen zur Kritik an der Verwendung eines allgemeinen Faschismusbegriffs, in: Werner Röhr (Hrsg.), Faschismus und Rassismus. Kontroversen um Ideologie und Opfer, Berlin 1992, S. 108–122.

[28] Am intensivsten noch von: Saul Friedländer, Kitsch und Tod. Der Widerschein des Nazismus, München 1984, S. 112 ff. Im „Historikerstreit" spielte dieses Problem kaum eine Rolle, weil sich niemand bereit fand, das Faschismuskonzept zu verteidigen.

„faschistisch", dann wendet man sich damit einmal gegen „singularisierende" Deutungen, wonach der „Nationalsozialismus" einen spezifischen – z. B. spezifisch deutschen – Charakter gehabt und Hitlers Machtstellung so total gewesen sei, daß das „Dritte Reich" als „Staat Hitlers" oder „Führerstaat" bezeichnet werden muß.[29]

Spricht man dagegen in diesem Zusammenhang von einer „faschistischen" Partei bzw. vom „Faschismus an der Macht", dann geht man von einer „generalisierenden" Deutung aus und bringt damit zum Ausdruck, daß es sich beim Nationalsozialismus um eine Partei oder ein Regime handelt, das es in vergleichbarer Form auch in anderen Ländern gegeben hat, immer noch gibt und möglicherweise wieder geben wird.

Letzteres ist besonders wichtig. Viele Faschismustheoretiker sahen nämlich im Faschismus kein völlig „autonomes", sondern ein „heteronomes" Phänomen, das nicht zufällig in kapitalistischen Gesellschaften entstanden ist und entweder in einem Bündnis mit oder als „Agent" von einigen kapitalistischen Kreisen zur Macht gekommen ist. Dies könne sich in Gegenwart und Zukunft unter gewissen Bedingungen (wie z. B. bei einer Wirtschaftkrise) wiederholen, so lange die kapitalistische Grundstruktur nicht völlig abgeschafft oder wenigstens weitgehend reformiert ist.

In der Studentenbewegung von 1968 und folgende war dies keine bloße theoretische Erörterung, sondern praktische Forderung.[30] Dabei wollten sich einige mit Reformen im Bereich der politischen Willensbildung und der Eigentumsstruktur begnügen. Andere dagegen riefen zu einer völligen Abschaffung des kapitalistischen Systems auf, eben weil dieses „System" zum „Faschismus" geführt habe und angeblich in der Gegenwart wieder führe, was mit allen, auch gewaltsamen Mitteln zu verhindern sei. Bekanntlich haben dann einige derartige „Faschismustheorien" und „antifaschistische" Forderungen zur Legitimation ihrer terroristischen Aktionen und Anschläge verwandt, die sich unter anderen auch gegen einige westdeutsche Professoren richteten.

Es ist mehr als verständlich, daß gerade diese Hochschullehrer, die

[29] Die Differenzierung zwischen „singularisierenden" und „generalisierenden", „autonomen" und „heteronomen" Faschismustheorien nach: Ernst Nolte, Vierzig Jahre Theorien über den Faschismus, in: ders. (Hrsg.), Theorien über den Faschismus, Köln 1967, S. 1–75.

[30] Dazu und zum Folgenden: Wolfgang Wippermann, The Post-War German Left and Fascism, in: Journal of Contemporary History 11, 1976, S. 185–220.

von ihren eigenen Studenten und anderen selbsternannten „Antifaschisten“ als „Faschisten“ denunziert und keineswegs nur verbal angegriffen wurden, mehr als betroffen reagierten. Dennoch war es überzogen und ungerecht zugleich, wenn sie nicht nur diese „Antifaschisten“ und ihre ebenso gefährlichen wie verschrobenen „Faschismustheorien“, sondern alle verurteilten, die die historische und gegenwartspolitische Notwendigkeit und Legitimität des Antifaschismus betonten, über Faschismustheorien forschten und einen generischen Faschismusbegriff in ihren Forschungen verwandten.

Dazu einige Beispiele: Der amerikanische Historiker Henry Ashby Turner, der sich lange und intensiv mit der Widerlegung marxistischer Thesen über die Finanzierung der NSDAP durch deutsche Industrielle beschäftigt hat,[31] lehnte das Grundaxiom der marxistischen Faschismustheorien, wonach der Faschismus nun einmal auf dem Boden des Kapitalismus entstanden ist, mit der folgenden eindeutig politisch motivierten Bemerkung ab: „Entspricht die weit verbreitete Ansicht, daß der Faschismus ein Produkt des modernen Kapitalismus ist, den Tatsachen, dann ist unser System kaum zu verteidigen.“[32]

Der NS-Forscher Karl Dietrich Bracher vertrat in verschiedenen Publikationen die These, daß sich der „Faschismusbegriff“ für die „konkrete Analyse“ nicht nur als „unergiebig“ erwiesen habe, er sei zudem ein ideologisiertes Produkt der „Marxismus-Renaissance“ und ein bloßer „Kampfbegriff“, dessen „Renaissance“ von Nolte „begünstigt, ja legitimiert“ worden sei.[33] Statt dessen plädierte Bracher mit folgenden Worten vehement für die Beibehaltung des Totalitarismuskonzepts:

„Aber eine Analyse der nationalsozialistischen Diktaturbewegung kann nach wie vor nicht darauf verzichten, die in der Selbstinterpretation und in der Herrschaftstechnik dieses Regimes liegenden totalitären Komponenten freizulegen und sie gegen andere Systemelemente abzuwägen. Auch eine differenzierte Betrachtung totalitärer Politik, die das Klischee von der monolithischen konfliktfreien Herrschaft widerlegt, deckt noch immer wesentliche Unterschiede gegenüber den traditionellen Autokratien oder Diktaturen auf – im Dritten Reich

[31] Zusammengefaßt in: Henry Ashby Turner, Die Großunternehmer und der Aufstieg Hitlers, Berlin 1985.

[32] Henry Ashby Turner, Faschismus und Kapitalismus in Deutschland, Göttingen 1972, S. 7.

[33] Karl Dietrich Bracher, Der Faschismus, in: Meyers Enzyklopädisches Lexikon, Bd. 8, München 1973, S. 547–551.

wie im stalinistischen Regime, den beiden ‚klassischen' Ausprägungen totalitärer Diktatur."[34]

Im Unterschied zu Bracher, der sich um eine primär wissenschaftliche Argumentation bemühte, hat sich sein Bonner Kollege Hans-Helmuth Knütter dagegen mit fast ausschließlich politischen Beweggründen für die Beibehaltung des Totalitarismus- und gegen die Anwendung des Faschismusbegriffs ausgesprochen. „Faschismus" ist nach Knütter eine „unzulässig verallgemeinernde Bezeichung, die von linksextremer Seite als innenpolitischer Kampfbegriff verwendet wird".[35] Derartige tagespolitisch motivierten Einwände wurden zwar auch in anderen westlichen Ländern gegen die Anwendung eines generischen Faschismusbegriffs vorgebracht, doch in der Bundesrepublik hatte die gleichzeitige Propagierung des Totalitarismusbegriffs einen spezifischen Charakter, weil Totalitarismus hier immer mehr war als nur eine politische Theorie. Die Bundesrepublik verstand sich von Anfang an als ein antitotalitärer Staat, in dem die Totalitarismustheorie folglich den Charakter einer Staatsideologie hatte. Im nächsten Kapitel wird näher ausgeführt, warum es zu diesem ‚westdeutschen Sonderweg' gekommen ist.

[34] Karl Dietrich Bracher, Die deutsche Diktatur. Entstehung, Struktur, Folgen des Nationalsozialismus, Köln–Berlin 1969, S. 534.

[35] Hans-Helmuth Knütter, Hat der Rechtsradikalismus in der Bundesrepublik eine Chance?, in: Der Bundesminister des Innern (Hrsg.), Sicherheit in der Demokratie. Die Gefährdung des Rechtsstaates durch Extremismus, Köln 1982, S. 113.

4. „WEHRHAFTE DEMOKRATIE" CONTRA TOTALITARISMUS, TERRORISMUS UND EXTREMISMUS

Die Heftigkeit, mit der die Diskussion über das Für und Wider des Totalitarismusbegriffs geführt wurde, zeigt, daß es hier um weit mehr ging als nur um eine wissenschaftliche Theorie. Gerade in der Zeit des Kalten Krieges war die Totalitarismusdiskussion „Faktor und Indikator"[1] der westlichen Politik und Propaganda.[2] Mit Ausnahme allenfalls von Frankreich[3] trifft dies auf alle westlichen Demokratien zu, in denen der Totalitarismusbegriff als Waffe benutzt wurde, um den Kommunismus im innen- und außenpolitischen Bereich zu bekämpfen.

In ganz besonderem Maße war dies in der (alten) Bundesrepublik der Fall. Hier hatte die Totalitarismustheorie von Anfang an den Charakter einer Staatsideologie, die schon die Verfassung dieses Staates geprägt hat, der als Folge des Kalten Krieges entstanden war. Ernst Nolte hat das Grundgesetz daher als „lebendige Totalitarismustheorie" bezeichnet,[4] und Konrad Löw hat gemeint, daß die Totalitarismustheorie die eigentliche „Weltanschauung des Grundgesetzes" sei.[5]

Deutlich ist dies bereits 1948/49 während der Verhandlungen des Parlamentarischen Rates ausgesprochen worden, als verschiedene unserer Verfassungsväter eindringlich dazu aufriefen, eine „demokratische Verfassung zu schaffen, in der vor allem der Gedanke der per-

[1] Begriffe und Methode nach: Reinhart Koselleck, Einleitung zu: Otto Brunner/Werner Conze/Reinhart Koselleck (Hrsg.), Geschichtliche Grundbegriffe. Historisches Lexikon zur politisch-sozialen Sprache in Deutschland, Bd. 1, Stuttgart 1972, S. XIV–XX.

[2] Dies wird in der überwiegend politikgeschichtlich orientierten Forschung über den Kalten Krieg m. E. zu wenig berücksichtigt. Wichtige Hinweise dagegen in: Nolte, Deutschland und der Kalte Krieg.

[3] Zum Sonderfall Frankreich siehe unten Kap. 7 „Die verspätete Rezeption in Frankreich".

[4] Nolte, Deutschland und der Kalte Krieg, S. 253.

[5] Konrad Löw, Die „Weltanschauung des Grundgesetzes" und der Totalitarismus, in: ders. (Hrsg.), Totalitarismus contra Freiheit, München 1988, S. 185–199.

sönlichen Freiheit gegen totalitäre Staatsbestrebungen gesichert werden“ müsse.[6] Diese Thesen wurden von dem einflußreichen Staatsrechtler und späteren Verfassungsrichter Gerhard Leibholz geteilt, der den „Totalitarismus“ nationalsozialistischer und kommunistischer Provenienz ebenfalls als negatives Gegenbild zur „freiheitlich demokratischen Grundordnung“ bezeichnet hat.[7] Dieser Aufsatz von Leibholz, der auf einem Rundfunkvortrag basierte, den er bereits 1946 in London gehalten hat, ist äußerst wichtig, weil er sowohl Politologen und Historiker wie Bracher wie verschiedene Juristen und Staatsrechtler beeinflußt hat.

So kann man auch in dem führenden Kommentar zum Grundgesetz von Maunz/Düring/Herzog/Scholz lesen, daß die im Artikel 18 erwähnte „freiheitlich demokratische Grundordnung“ als „Gegenposition“ zum „Totalitarismus“ zu verstehen sei, was den Staat dazu verpflichte, alle auf den Totalitarismus „abzielende Bestrebungen von vornherein zu verhindern.“[8] Damit war der vergangene Nationalsozialismus einerseits, der höchst lebendige Kommunismus anderseits gemeint, was mit bemerkenswerter Offenheit an anderer Stelle folgendermaßen formuliert wurde: „Blickt man auf die erlebte Vergangenheit und die erlebte Gegenwart jenseits ‚der Mauer‘ und ‚des Todesstreifens‘, so wird eigentlich unmittelbar einsichtig, was alles (aber auch nur) zum Begriff der ‚freiheitlich demokratischen Grundordnung‘ i. S. des Grundgesetzes gehört.“[9]

[6] Ich zitiere aus der Rede, die der CDU-Abgeordnete Adolf Süsterhenn am 8. 12. 1948 im Hauptausschuß des Parlamentarischen Rates gehalten hat. Vgl.: Parlamentarischer Rat, Verhandlungen des Hauptausschusses, 1948/49, Bonn 1950, S. 255. Zunächst hatte jedoch auf Herrenchiemsee und in Bonn eine primär und fast ausschließlich antifaschistische Grundstimmung vorgeherrscht. Vgl. dazu: Helmut M. Schäfer, Die freiheitlich-demokratische Grundordnung. Eine Einführung in das deutsche Verfassungsrecht, München 1982, S. 88 ff.; Armin Scherb, Präventiver Demokratieschutz als Problem der Verfassungsgebung nach 1945, Frankfurt/M. 1987, S. 190 ff. Dies änderte sich erst unter dem Eindruck der Ereignisse des Jahres 1948.

[7] Gerhard Leibholz, Das Phänomen des totalen Staates, in: Festschrift für Herbert Kraus, Kitzingen 1954, S. 156–162; abgedruckt in: Seidel/Jenkner (Hrsg.), Wege der Totalitarismus-Forschung, S. 123–132. Ähnliche Thesen auch in: Gerhard Leibholz, Freiheitliche demokratische Grundordnung und Bonner Grundgesetz, in: ders., Strukturprobleme der modernen Demokratie, Frankfurt/M. 1974, S. 132–141 (zuerst: 1951).

[8] Maunz/Düring/Herzog/Scholz, Kommentar zum Grundgesetz der Bundesrepublik Deutschland, München 1974, Art. 18 Rdnr. 48.

[9] Ebenda Rdnr. 50. Nur am Rande sei erwähnt, daß es sich bei Maunz um

Zur politischen Präzisierung des zentralen Begriffs „freiheitlich demokratische Grundordnung“ griff man auf den von Karl Loewenstein schon 1937 entwickelten Begriff der „militant democracy“ zurück,[10] was im Deutschen eine „streitbare“ bzw. „wehrhafte Demokratie“ bezeichnet, durch die Regierung und Volk auf einen „antitotalitären Grundkonsens“ verpflichtet wurden. Tatsächlich haben die Regierungen des Bundes und der Länder diesen so verstandenen antitotalitären Staatsauftrag der „wehrhaften Demokratie“ auch wahrgenommen. So wurde das Verbot der KPD im Jahre 1956 mit den „Erfahrungen“ begründet, die man im Kampf mit „diesem totalitären System“ gewonnen habe.[11] Daher scheute man sich nicht, Personen, die an ihrer kommunistischen Gesinnung festhielten, mit Methoden einer „politischen Justiz“ zu bekämpfen.[12] Zur gleichen Zeit wurde auch im Bereich der Außenpolitik ein strikt antikommunistischer Kurs gesteuert.[13]

den ehemaligen NS-Juristen Theodor Maunz handelte, der lange Jahre Berater und Mitarbeiter des Herausgebers der rechtsradikalen „Deutschen Nationalzeitung“, Gerhard Frey, war. Vgl.: Jens Mecklenburg (Hrsg.), Handbuch Deutscher Rechtsextremismus, Berlin 1996, S. 404 und 461. Davon will Maunz' langjähriger Assistent und Mitverfasser des Kommentars, der jetzige Bundespräsident (Roman) Herzog nichts gewußt haben.

[10] Karl Loewenstein, Militant Democracy and Fundamental Rights, in: American Political Science Review 31, 1937, zitiert nach: Gregor Paul Boventer, Grenzen politischer Freiheit im demokratischen Staat. Das Konzept der streitbaren Demokratie in einem internationalen Vergleich, Berlin 1985, S. 60.

[11] KPD-Urteil des Bundesverfassungsgerichts von 1956, zitiert nach: Konrad Löw, Die „Weltanschauung des Grundgesetzes“ und der Totalitarismus, in: ders. (Hrsg.), Totalitarismus, Berlin 1988, S. 185–199, S. 191. Vgl. dazu auch: Erhard Denninger (Hrsg.), Freiheitliche demokratische Grundordnung. Materialien zum Staatsverständnis und zur Verfassungswirklichkeit der Bundesrepublik, erster Teil, Frankfurt/M. 1977, bes. S. 112 ff.

[12] Alexander Brünneck, Politische Justiz gegen Kommunisten in der Bundesrepublik Deutschland 1949–1968, Frankfurt/M. 1978. Mit besonders scharfer Kritik vor allem am KPD-Verbot und seinen innen- und außenpolitischen Motiven: Thomas Ordnung, Zur Praxis und Theorie des präventiven Demokratieschutzes. Darlegungen zum Problem der ‚streitbaren Demokratie‘ und seinem verfassungsrechtlichen, politischen und historischen Umfeld am Beispiel des Parteiverbots, Phil. Diss. Berlin 1985. Kritische Bücher wie diese unterstreichen, daß der „antitotalitäre Grundkonsens“ nie von allen geteilt wurde, weshalb die „wehrhafte Demokratie“ ihren grundsätzlich liberalen und rechtsstaatlichen Charakter auch nie verloren hat.

[13] Vgl. dazu das Kapitel „Der Kalte Krieg der Bundesrepublik gegen die DDR“ bei: Nolte, Deutschland und der Kalte Krieg, S. 396–401.

Dieser Antikommunismus verstärkte zwar, wie Christoph Kleßmann bemerkt, die „Verankerung im westlichen Bündnis“ und „befestigte das System der parlamentarischen Demokratie“, „beeinflußte“ aber darüber hinaus „das gesamte innenpolitische Klima, in dem Forderungen von links nach Veränderungen der Eigentumsverhältnisse und der Wirtschaftsordnung tendenziell als kommunistisch diskreditiert“ wurden.[14] Der Antikommunismus wurde so zu einem „sozialen Disziplinierungsmittel“,[15] was die „immer wieder beschworene ‚freiheitlich-demokratische Grundordnung‘ zu denunzieren drohte.“[16]

Dies wurde nicht erst in den 70er Jahren deutlich, als der Staat über tatsächliche oder angebliche Verfassungsfeinde im öffentlichen Dienst „Berufsverbote“ verhängte, die kritische Juristen als „Waffe(n) gegen die verfassungsrechtlichen Grundlagen der Demokratie“ bezeichneten.[17] Schon die 1962 von den Kultusministern der Länder erlassenen „Richtlinien für die Behandlung des Totalitarismus im Unterricht“ standen in einem nicht zu übersehenen Widerspruch zu der im Grundgesetz garantierten Wissenschaftsfreiheit, weil hier die Lehrer verpflichtet wurden, sich im Unterricht an der schon damals umstrittenen Totalitarismustheorie zu orientieren. Sie hatten die Anweisung, ihren Schülern die „verwerfliche Zielsetzung“ und die „verbrecherischen Methoden“ des „kommunistischen und des nationalsozialistischen Totalitarismus“ zu verdeutlichen, wobei übrigens kein Wort über Auschwitz und den Holocaust verloren wurde.[18]

Doch auch hier bewährte sich der liberale Grundgehalt der Verfassung und der Verfassungswirklichkeit, die zunehmend durch Angehörige einer nachwachsenden erst „skeptischen“ und dann „kritischen“ Generation geprägt wurde. Die „Richtlinien für die Behand-

[14] Christoph Kleßmann, Die doppelte Staatsgründung. Deutsche Geschichte 1945–1955, Bonn 4. Aufl. 1986, S. 256.

[15] Ebenda S. 257.

[16] Christoph Kleßmann, Zwei Staaten, eine Nation. Deutsche Geschichte 1955–1970, Göttingen 1988, S. 59.

[17] Gerhard Stuby, Das Berufsverbot als Waffe gegen die verfassungsrechtlichen Grundlagen der Demokratie, in: Udo Mayer/Gerhard Stuby (Hrsg.), Das lädierte Grundgesetz. Beiträge und Dokumente zur Verfassungsgeschichte 1949–1977, Köln 1977.

[18] Beschluß der Kultusministerkonferenz vom 5. 7. 1962 über „Richtlinien für die Behandlung des Totalitarismus im Unterricht“, zitiert nach: Hans-Helmuth Knütter, Der Totalitarismus in der schulischen und außerschulischen Politischen Bildung, in: Löw (Hrsg.), Totalitarismus, S. 28–43, S. 30.

lung des Totalitarismus im Unterricht“ blieben letztlich doch nur „Empfehlungen“, die in den 70er und 80er Jahren zudem in der konkreten schulischen Praxis zunehmend in Vergessenheit gerieten. Gleichzeitig kam es im außenpolitischen Bereich zu einer „Entspannung“, die trotz aller sonstigen Rückschläge in den deutsch-deutschen Beziehungen fortgesetzt wurde. Dies wirkte sich wiederum auch auf die Innenpolitik aus, wo zunächst die KPD unter etwas verändertem Namen als DKP wiederzugelassen und die „Berufsverbote“ schrittweise aufgehoben wurden.

Diese Entspannung im außen- und innenpolitischen Bereich rief naturgemäß Kritik hervor, die bei einigen nicht nur parteipolitisch motiviert war, sondern grundsätzlichen Charakter hatte, weil befürchtet wurde, daß damit der Bestand der „wehrhaften Demokratie“ in Frage gestellt werden würde. Vor diesem Hintergrund sind die im vorigen Kapitel erwähnten Attacken Karl Dietrich Brachers gegen einen generischen Faschismusbegriff zu sehen. Er plädierte gleichzeitig vehement für die Beibehaltung des Totalitarismuskonzepts, weil man, wie Bracher nicht müde wurde zu betonen, von dem letztlich doch entscheidenden „Kriterium der politischen Freiheit“ ausgehen müsse. In seinen bereits erwähnten „Schlüsselwörtern der Geschichte“ erklärte er: „Der Totalitarismus von links und rechts war die grundlegende Erfahrung (= der Bundesrepublik), und daraus folgte, daß das Selbstverständnis der zweiten deutschen Republik auf einem offenen Demokratiebegriff beruhte und sich Verfassungsinstitutionen schuf, die gegen totalitäre Tendenzen schützen sollten. (...) Vor diesem Hintergrund mußte es von schwerwiegender, das Selbstverständnis der Bundesrepublik treffender Bedeutung sein, wenn der Totalitarismusbegriff in der wissenschaftlichen und öffentlichen Diskussion durch den Faschismusbegriff ersetzt wurde (...). Die Folgen sind unübersehbar. Denn hier geschah zugleich ein allmählicher Abbau jener Hemmungen und Schutzvorkehrungen der ‚wehrhaften Demokratie‘, die Staat und Gesellschaft vor neuen Polarisierungen und extremen Ideologisierungen bewahren und verhindern sollten.“[19]

Daß diese Befürchtungen und Mahnungen Brachers nicht völlig grundlos und aus der Luft gegriffen waren, zeigten die verschiedenen politischen Morde, die von Angehörigen terroristischer Gruppierungen begangen wurden und die Bundesrepublik gerade in den 70er Jahren zur Zeit der sozialliberalen Koalition ernsthaft zu erschüttern

[19] Bracher, Schlüsselwörter der Geschichte, S. 103 f.

schienen.[20] Doch obwohl diese Gruppen oder „Banden" vom Schlage der „Roten Armee Fraktion" und der „Bewegung 2. Juni" vorgaben, die Speerspitze und „Avantgarde" einer internationalen antiimperialistischen „Armee" und „Bewegung" zu sein, handelte es sich doch um relativ kleine Personenkreise, die ihren sichtbar schwindenden politischen Einfluß innerhalb der bundesrepublikanischen Linken durch einen eskalierenden Terror wettmachen wollten, wobei sie im wörtlichen Sinne „über Leichen gingen". Doch sosehr die Opfer ihrer ebenso brutalen wie völlig sinnlosen Terroranschläge zu bedauern sind, so unangebracht waren die teilweise überzogenen, teilweise schlicht hysterischen Reaktionen des Staates, der dazu von gewissen Teilen der Medien geradezu angefeuert wurde.[21]

Leider haben sich auch einige Wissenschaftler von dieser allgemeinen Hektik beeinflussen lassen. Auf Kongressen und Symposien wetterten sie genauso unreflektiert wie gewisse Politiker über den „Terrorismus",[22] anstatt sich nüchtern mit Ursachen, Strategien, Zielen und Chancen des Phänomens „Terror" zu beschäftigen, das ja keineswegs neu war, sondern Vorbilder und Parallelen sowohl in anderen Ländern wie in der Vergangenheit hatte und hat.[23] Auf die grundsätzliche Frage, ob es sich wirklich um ein politisches Phänomen oder nur um eine Methode handelte,[24] die von politischen und ganz gewöhnlichen Kriminellen verwandt wurde, die wie der bekannte Terrorist „Carlos" ihre ‚Dienste' allen möglichen Regimen und Organisationen anboten, kurz, ob es sich hier um „Terrorismus" oder „Terror" han-

[20] Als Überblick: Thomas Meyer, Am Ende der Gewalt? Der deutsche Terrorismus – Protokoll eines Jahrzehnts, Frankfurt/M. 1980.

[21] Iring Fetscher, Terrorismus und Reaktion in der Bundesrepublik Deutschland und in Italien, Reinbek 1981; und: Hermann Vinke, Mit zweierlei Maß. Die deutsche Reaktion auf den Terror von rechts, Reinbek 1980.

[22] Heiner Geißler (Hrsg.), Der Weg in die Gewalt. Geistige und gesellschaftliche Ursachen des Terrorismus und seine Folgen, München 1978; Manfred Funke (Hrsg.), Terrorismus. Untersuchungen zur Strategie und Struktur revolutionärer Gewaltpolitik, Bonn 2. Aufl. 1978; Bundesministerium des Innern (Hrsg.), Analysen zum Terrorismus, Bd. 1–4, Opladen 1981–1984.

[23] Dazu den historischen Überblick bei: Wanda v. Bayer-Katte, T. Grime, Terror, in: Sowjetsystem und demokratische Gesellschaft, Bd. VI, Freiburg 1972.

[24] Vgl. dazu den Definitionsversuch von: Henner Hess, Terrorismus und Terrorismus-Diskurs, in: Kriminologisches Journal 15, 1983, S. 89–109. Hess weist auf die sowohl terrorisierende wie „kommunikative" Funktion des Terrorismus hin, der bei der Bevölkerung sowohl Furcht wie Sympathie erwecken soll.

delte, findet man nur wenige und noch dazu keineswegs überzeugende Antworten. Unbefriedigend sind vor allem die zahlreich vorliegenden individualpsychologischen Spekulationen über die Motive der Täter, [25] die dann teilweise noch mit denen der nationalsozialistischen Massenmörder verglichen wurden.[26]

Auf weitere Einzelheiten, Autoren und ihre Publikationen,[27] die von Parteien und staatlichen Institutionen äußerst freigebig gefördert und meist kostenlos in hohen Auflagen verteilt wurden, muß hier schon deshalb nicht eingegangen werden, weil das wissenschaftliche Interesse an diesem „Terrorismus" in den 80er Jahren abrupt nachließ, obwohl es auch weiterhin zu terroristischen Anschlägen kam. Die wurden jetzt aber keineswegs nur, wie dies immer von einigen Politologen behauptet worden war, von Linken, sondern im zunehmenden Maße auch von Rechten begangen.[28]

Statt dessen wurde der „Terrorismus" nun als „die höchste Intensitätsstufe des Extremismus" bezeichnet.[29] Bei diesem „Extremismus" handelt es sich um ein politisches Phänomen, das man bis in die 70er Jahre hinein als „Radikalismus"[30] bezeichnet hat, um dann jedoch dem Sprachgebrauch des Verfassungsschutzes zu folgen, der seit etwa 1973 eine Differenzierung zwischen (linkem und rechtem) „Radika-

[25] Vgl. etwa: Hans-Dieter Schwind (Hrsg.), Ursachen des Terrorismus in der Bundesrepublik Deutschland, Berlin 1978; Hermann Glaser, Jugend zwischen Aggression und Apathie. Diagnose der Terrorismus-Diskussion. Ein Dossier, Heidelberg 1980; Herbert Jäger/Gerhard Schmidtchen/Lieselotte Süllwold, Lebenslaufanalysen, Opladen 1981.

[26] Jillian Becker, Hitlers Kinder? Der Baader-Meinhof-Terrorismus, Frankfurt/M. 1978.

[27] Vgl.: Herfried Münkler, Guerillakrieg und Terrorismus, in: Neue Politische Literatur 25, 1980, S. 307–334; und den in der Gestalt einer Sammelrezension gehaltenen Überblick bei: Uwe Backes/Eckhard Jesse, Totalitarismus, Extremismus, Terrorismus. Ein Literaturführer und Wegweiser im Lichte deutscher Erfahrung, Opladen 1984, S. 243–304.

[28] Auf den sog. „rechtsgerichteten Terrorismus" gehen Backes und Jesse nur in einer einzigen Anmerkung ein. Vgl. ebenda S. 245.

[29] Manfred Funke, Terrorismus, in: Wolfgang W. Mickel (Hrsg.), Handlexikon zur Politikwissenschaft, Bonn 1986 (= Schriftenreihe der Bundeszentrale für politische Bildung, Bd. 237), S. 517–521, S. 517.

[30] Hans D. Klingemann/Franz U. Pappi, Politischer Radikalismus. Theoretische und methodische Probleme der Radikalismusforschung, München 1972. Als in den Verfassungsschutzberichten nicht mehr von Links- und Rechtsradikalen, sondern von Links- und Rechtsextremisten die Rede war, wurde es um diese „Radikalismus"-Forschung wieder still.

lismus" und (linkem und rechtem) „Extremismus" vornahm.[31] In juristischer Hinsicht ist diese Differenzierung jedoch ziemlich irrelevant, weil eine Organisation erst dann vom Verfassungsschutz beobachtet wird, wenn sie als „verfassungsfeindlich" eingestuft wird. Handelt es sich dabei um eine Partei im Sinne des Grundgesetzes, kann sie auf Antrag des Bundestages, des Bundesrates und der Bundesregierung vom Bundesverfassungsgericht als „verfassungswidrig" eingestuft und verboten werden.[32]

Obwohl es sich also bei „Extremismus" um keinen „Rechtsbegriff" handelt, der weder im Grundgesetz noch in irgendeinem Gesetz auftaucht und daher auch keinerlei „juristische Konsequenzen" hat,[33] und obwohl dieser Begriffswandel niemals und von niemandem hinreichend begründet wurde, ist er von verschiedenen Politologen übernommen und zu einem Ersatzbegriff für das umstrittene Totalitarismuskonzept ausgebaut worden. Hier sind an erster Stelle Uwe Backes und Eckhard Jesse zu nennen, denen es gelungen ist, große Teile der politischen und selbst der wissenschaftlichen Öffentlichkeit davon zu überzeugen, daß es so etwas wie „Extremismus-Forschung" gebe und geben müsse.[34]

Anders als beim Totalitarismus, der ja auf einem Vergleich zwischen konkreten faschistischen und kommunistischen Regimen basiert, handelt es sich beim „Extremismus" um die Konstruktion eines Phänomens, das es in der Realität gar nicht gibt. Es wird allein durch die mehr oder minder willkürliche und parteipolitisch motivierte Ausgrenzung von allen möglichen linken, rechten und „grünen" Parteien,

[31] Vgl. zur folgenden Kritik: Wolfgang Wippermann, Wider die Verwirrung der Begriffe! Was ist Rechtsradikalismus, Rechtsextremismus, Fundamentalismus, Populismus, Faschismus, Neonazismus und Neofaschismus?, in: Rolf Richter (Hrsg.), Rechtsextremismus und Neonazismus unter Jugendlichen Ostberlins. Beiträge zur Analyse und Vorschläge zu Gegenmaßnahmen, Berlin 1991, S. 26–45.

[32] Vgl. dazu: Bundesministerium des Innern (Hrsg.), Verfassungsschutzbericht 1993, Bonn 1994, S. 14; H. Joachim Schwagerl, Rechtsextremes Denken. Merkmal und Methoden, Frankfurt/M. 1993, S. 154.

[33] Dieser äußerst wichtige Hinweis stammt von: Richard Stöss, Extremismus von rechts. Einige Anmerkungen aus rechtlicher und politikwissenschaftlicher Perspektive, in: Richter (Hrsg.), Rechtsextremismus und Neonazismus, S. 1–25, bes. S. 1.

[34] Uwe Backes/Eckhard Jesse, Politischer Extremismus in der Bundesrepublik Deutschland, Bd. 1–3, Bonn 1989. Backes und Jesse geben sogar ein „Jahrbuch für Extremismus und Demokratie" heraus.

Personen und Ideen aus der „offenen Gesellschaft" des „demokratischen Verfassungsstaates" künstlich geschaffen. Hierfür einige Beispiele:

Hans Günther Merk bezeichnete „Extremismus als eine gegen die Wertvorstellungen einer Gemeinschaft von Menschen gerichtete Verhaltensweise".[35] Danach wären auch die aufständischen Bauern zu Beginn des 16. Jahrhunderts und die Widerstandskämpfer in der NS-Zeit als „Extremisten" einzustufen. Merk schien die Unzulänglichkeit der Definition aufgefallen zu sein, wenn er dann diejenigen „Extremisten" nennt, die sich gegen die „Wertvorstellungen zumindest der gesamten ‚freien Welt'" ausgesprochen oder sich als „Gegner einer freiheitlich-demokratischen Grundordnung (i. S. des Grundgesetzes)" betätigt hätten. Natürlich ist dies eine mehr als willkürliche Setzung, gegen die die Bewohner von demokratischen Staaten energisch protestieren müßten, in denen das Grundgesetz keine Geltung hat.

Ähnliche Schwierigkeiten haben auch die wohl vehementesten Verfechter des Extremismus-Konzepts Uwe Backes und Eckhard Jesse selber. Für sie ist „Extremismus" eine „Sammelbezeichnung für unterschiedliche politische Gesinnungen und Bestrebungen", „die sich in der Ablehnung des demokratischen Verfassungsstaates und seiner fundamentalen Werte und Spielregeln einig wissen".[36] Dazu zählen sie sowohl Anhänger des „Rechtsextremismus" wie des „Kommunismus" und des „Anarchismus". Völlig unverantwortlich wird es, wenn sie diesen „Extremisten" eine Art Bundesgenossenschaft unterstellen und postulieren: „Rechts- und Linksextremisten brauchen mithin einander. Letztlich sind sie also gar nicht daran interessiert, daß die andere Variante des Extremismus, die sie zu bekämpfen vorgeben, gänzlich von der Bildfläche verschwindet. Sie wollen vielmehr das hervorrufen, was sie so heftig attackieren."[37]

Nicht nur problematisch, sondern historisch eindeutig falsch ist die Definition und Differenzierung zwischen „Rechts-" und „Linksextre-

[35] Hans Günther Merk, Was ist heute Extremismus? Die Bedrohung des Staates von links und rechts, in: Funke (Hrsg.), Extremismus im demokratischen Rechtsstaat, S. 127–146, S. 129.

[36] Backes/Jesse, Politischer Extremismus, Bd. 1, S. 33. Nur am Rande sei bemerkt, daß rechtsradikale Parteien wie die „Republikaner" den „demokratischen Verfassungsstaat" verbal schon deshalb nicht ablehnen, um staatliche Repressionsmaßnahmen zu verhindern. Diese Mimikry wird dann von Backes und Jesse insofern belohnt, indem sie die „Republikaner" und verwandte Gruppen ausdrücklich nicht als „rechtsextremistisch" bezeichnen.

[37] Ebenda S. 271.

mismus“ in einer Broschüre, die das Ministerium des Innern und für Sport von Rheinland-Pfalz 1982 herausgab.[38] Wird hier doch behauptet, daß der „Rechtsextremismus (...) im Gegensatz zum Linksextremismus, insbesondere zum dogmatischen Marxismus-Leninismus über kein geschlossenes theoretisches System“ verfüge.[39] Danach wären die Nationalsozialisten nicht als „Rechtsextremisten“ einzustufen, weil sie nach der überwiegenden Mehrheit der Historiker sehr wohl über ein „geschlossenes theoretisches System“ verfügten, dessen Grundzüge man in Hitlers „Mein Kampf“ nachlesen kann.

Abzulehnen ist der Versuch des Bonner Politologen Manfred Funke, „Extremismus“ mit Hilfe eines Kreismodells zu definieren.[40] Danach befinden sich alle „Demokraten“ in einem „inneren“, alle „Extremisten“ in einem „äußeren Kreis“. Nicht genug damit gibt Funke eine Art politisches Psychogramm des Extremisten als solchem. „Der Extremist“ strebt nach Funke danach, „das soziale Paradigma, in dem er lebt, bis zur Vernichtung hin verächtlich“ zu machen, „auf die Abschaffung der gegebenen Verhältnisse unter prinzipieller Bejahung des Gewalteinsatzes zur Durchsetzung der neuen Wertvorstellungen“ zu drängen und „insgeheim ein Minderheits-Massenmensch, verstrickt in Skrupeln, die Umkehr und Kompromiß nicht ausschließen“, zu sein.[41] Dies erinnert mehr an die Beschreibung von Affen und Elefanten in „Brehms Tierleben“ als an eine politikwissenschaftliche Theorie.

Noch kurioser ist Funkes an anderer Stelle gemachter Versuch, „den Extremisten“ von „dem Exzentriker“, „dem Fanatiker“ und „dem Radikalen“ zu unterscheiden.[42] Dies liest sich dann so: „Oszilliert der Extremist oft zwischen revolutionär-terroristischer Gewaltbejahung (– Terrorismus) und perspektivärmlicher Protestexplosion, so diszipliniert sich der Radikale zur rationalen und rationalisierenden Sorge für seine als Lebensthema erscheinende Idee und für ihre Umsetzung zum einzig wahren Kollektivinteresse. Neigt der Extremist dazu, seine Kampfkraft aus Schlagwortsuggestion zu beziehen und

[38] Ministerium des Innern und für Sport Rheinland-Pfalz (Hrsg.), Rechtsextremismus, Mainz 1982.

[39] Ebenda S. 8.

[40] Manfred Funke, Extremismus und offene Gesellschaft – Anmerkungen zur Gefährdung und Selbstgefährdung des demokratischen Rechtsstaates, in: ders. (Hrsg.), Extremismus und demokratischer Rechtsstaat, Düsseldorf 1978, S. 15–46.

[41] Ebenda S. 17, 19 und 21.

[42] Manfred Funke, Extremismus, in: Mickel (Hrsg.), Handlexikon zur Politikwissenschaft, S. 132–136.

die Verunsicherung seiner Heilsgewißheit mit Trotz zu kompensieren, so begreift der Radikale seinen Glauben an die Richtigkeit der eigenen Sache als höchste Potenz der Vernunft."[43] Dieser Begriffssalat wirkt schon unfreiwillig komisch. Gar nicht komisch ist dagegen die Bemerkung – um den hier unpassenden Ausdruck Definition zu vermeiden –, daß der „Extremist (...) gegen eine bestehende Herrschaftsstruktur (...) mit Berufung auf ein ‚höheres' Recht zum ‚notwendigen' Systemwandel" antrete.[44] Nach dieser ‚Definition' ist auch mein Urgroßvater Karl Wilhelm Wippermann (1800–1856) ein „Extremist" gewesen, weil er 1848 als „Märzminister" gegen die „Herrschaftsstruktur" in Kurhessen angetreten ist und sich als Abgeordneter der Paulskirche für einen „Systemwandel" im damaligen Deutschen Bund eingesetzt hat.

Damit keine Mißverständnisse entstehen: Selbstverständlich gab und gibt es Bewegungen und Parteien auf dem linken und rechten Ende unseres Parteienspektrums, das wir uns nach der Sitzordnung in den meisten europäischen Parlamenten (das englische Unterhaus ist eine Ausnahme, weil sich hier die Angehörigen der Regierungs- und der Oppositionspartei gegenübersitzen) als einen Halbkreis vorstellen. Die Frage ist nur, ob sich diese ‚linken' und ‚rechten' Bewegungen und Parteien tatsächlich so nahe sind, wie dies durch das traditionelle ‚Halbkreis-Modell' suggeriert wird, in dem sich die Extreme beider Seiten berühren können. Noch problematischer ist das schon erwähnte ‚Voll-Kreis-Modell' Manfred Funkes, wobei alle Demokraten in einem „inneren Kreis" angesiedelt sind, der von einem „äußeren Kreis" mit allen möglichen „Extremisten" umgeben ist.

Tatsächlich haben, von wenigen Ausnahmen abgesehen,[45] fast alle Forscher den „Rechtsextremismus" nicht als eine „Variante (...) der Kategorie Extremismus", sondern als eine „eigenständige Kategorie" angesehen,[46] die sie folglich auch nicht mit sog. „linksextremen" Bewegungen und Erscheinungen verglichen und gleichgesetzt haben.[47]

[43] Ebenda S. 133.

[44] Ebenda.

[45] Dazu gehören: Armin Pfahl-Traughber, Rechtsextremismus. Eine kritische Bestandsaufnahme nach der Wiedervereinigung, Bonn 1993; und verschiedene Autoren in: Wolfgang Kowalsky/Wolfgang Schröder (Hrsg.), Rechtsextremismus. Einführung und Forschungsbilanz, Opladen 1994. Pfahl-Traughber, Kowalsky und andere haben mit Backes und Jesse eine Art Zitierkartell geschlossen.

[46] Stöss, Extremismus von rechts, S. 1.

[47] Vgl. dazu und zu den weiteren Versuchen, „Rechtsextremisten" mit so-

Dies wäre schon deshalb als völlig deplaciert angesehen worden, weil das vereinigte Deutschland zu Beginn der 90er Jahre von einer Terrorwelle heimgesucht wurde, die eindeutig von rechts kam und rassistisch motiviert war. Allerdings wurde auch dieses Faktum von einigen Politikern und Politologen geleugnet, die statt dessen von „fremdenfeindlicher Gewalt" sprachen, wobei bewußt übersehen wurde, daß von diesen Morden und anderen Akten des brutalsten Terrors keineswegs nur „Fremde", sondern auch Einheimische (z. B. Einwanderer, Homosexuelle, Behinderte und Obdachlose) und ‚nur' solche „Fremde" betroffen wurden, die ‚irgendwie' anders aussahen.[48]

Diese rassistisch motivierte Terrorwelle, die auch heute – Anfang 1997 – keineswegs völlig abgeklungen ist, sondern nur von gewissen Politikern und Journalisten bewußt negiert und verharmlost wird, nahm im August 1992 bei den pogromartigen Ausschreitungen von Rostock-Lichtenhagen bisher nicht bekannte Ausmaße an. Dabei zeichneten sich die zuständigen staatlichen Organe durch eine ebenfalls bisher völlig unbekannte Zurückhaltung aus.[49] Dies änderte sich erst, als mit Recht besorgte Bürger in verschiedenen Städten Demonstrationen durchführten, bei denen „Lichterketten" gebildet und, wie ich finde, etwas einfältige Slogans wie „Alle Menschen sind Ausländer, überall!" gerufen wurden.

In dieser Situation, als die neue ‚Berliner Republik' wirklich bedroht war, und zwar eindeutig und ausschließlich von rechts, hielten es verschiedene rechte Politologen und Publizisten für geboten, den „antitotalitären Grundkonsens" einzufordern, wobei gleichzeitig bedauernd festgestellt wurde, daß die „fremdenfeindlichen Gewalttaten" nur von diesem „antitotalitären Grundkonsens" ablenken würden,[50] ja „für die zusammengebrochene, desorientierte Linke (...) geradezu ein Ge-

ziologischen oder individualpsychologischen Methoden zu „Opfern der Modernisierung" zu deklarieren, den Forschungsüberblick von: Christoph Butterwegge, Rechtsextremismus. Rassismus und Gewalt. Erklärungsmodelle in der Diskussion, Darmstadt 1996.

[48] Bester Überblick des gegenwärtigen organisierten und nichtorganisierten Rechtsextremismus ist m. E.: Jens Mecklenburg (Hrsg.), Handbuch Deutscher Rechtsextremismus, Berlin 1996.

[49] Beschreibung der Ereignisse bei: Hajo Funke, Brandstifter. Deutschland zwischen Demokratie und völkischem Nationalismus, Göttingen 1993.

[50] Jürgen Braun, Stiller Sieg eines Begriffes, in: Das Parlament 44. Jg. Nr. 45–46, 11./18. November 1994. In dieser Nummer des „Parlaments" findet man noch andere Artikel zum Totalitarismusbegriff und anderen „deutschen Streitfragen", die jedoch fast ausschließlich von rechten Autoren – dar-

schenk des Himmels gewesen" seien."[51] Diese Bemerkungen waren, blickt man auf die Opfer des Rassismus, geradezu zynisch und in Hinsicht auf die Realität grundfalsch, denn die rassistisch motivierten Terrorakte waren ja nicht von irgendwelchen „totalitären" Gruppen von links und rechts, sondern von Gruppen und Einzelpersonen begangen worden, die man eindeutig dem rechten Spektrum zuordnen mußte. Insofern konnte man die „fremdenfeindlichen Gewalttaten" wirklich nicht „antitotalitär" bekämpfen. Und völlig unklar ist, was sie mit der „Hinterlassenschaft des zweiten totalitären Staates in Deutschland" zu tun haben sollten.[52]

Diese wenigen Beispiele sprechen für die These, daß der in Deutschland verkündete „stille Sieg" des Totalitarismus-Begriffs mit Motiven begründet wird, die einen politischen und zugleich spezifisch deutschen Charakter haben. Stimmt das? Befinden sich die Deutschen wieder einmal auf einem Sonderweg oder ist es auch in anderen Ländern zu einer Renaissance der Totalitarismustheorie gekommen, die keineswegs nur politisch motiviert ist, sondern auch wissenschaftliche Ursachen hat?

Diese Fragen sollen in den folgenden drei Kapiteln beantwortet werden, wobei wir den allzu engen Rahmen der deutschen Diskussion verlassen, um zunächst die Schriften der sog. „Renegaten" zu analysieren, die seit dem Zusammenbruch des Kommunismus in West- und jetzt vor allem auch in Osteuropa wiederentdeckt werden und eine bemerkenswert große Beachtung erfahren. Im sechsten Kapitel wird dann die Diskussion in Frankreich und danach im siebenten Kapitel die in den USA analysiert. Vor diesem internationalen Hintergrund werden die Veränderungen in Deutschland verständlicher, die im achten und letzten Kapitel behandelt werden.

unter selbst Karlheinz Weißmann – behandelt wurden. Insgesamt wirkt diese Ausgabe des eigentlich überparteilichen „Parlaments" wie eine rechte Kampfansage an den angeblich immer noch herrschenden linken Zeitgeist.

[51] Hans-Helmuth Knütter, Die Faschismus-Keule. Das letzte Aufgebot der deutschen Linken, Berlin 1993, S. 158.

[52] Braun, Stiller Sieg eines Begriffes: „Fremdenfeindliche Gewalttaten werden nicht als ‚antitotalitär' bekämpft, sondern bieten den Anlaß, die Klärung der Hinterlassenschaft des zweiten totalitären Staates in Deutschland unter dem – jahrzehntelang von der SED gepflegten – Schlagwort ‚Antifa' wegzuschieben. Schon warnten Intellektuelle und Politiker in einem Aufruf („Berliner Appell") (er wurde von Zitelmann und einigen anderen ausschließlich rechten Politikern und Publizisten unterzeichnet! W. W.) kurz vor der Bundestagswahl vor einem Zerbrechen des nach 1989 kurzzeitig wiedergewonnenen antitotalitären Grundkonsens."

5. DIE „TOTALITÄRE ERFAHRUNG" DER „RENEGATEN"[1]

Am 17. Juli 1936 putschten Teile der spanischen Armee unter Führung der Generäle Mola und Franco.[2] Dies war in Spanien nicht ungewöhnlich, denn derartige „pronunziamientos" hatte es seit dem 19. Jahrhundert immer wieder gegeben. Ungewöhnlich war, daß dieser Militärputsch fortgesetzt wurde, obwohl er an sich gescheitert war. Schließlich hatten die Aufständischen nicht die Kontrolle über weite Gebiete des Landes, darunter die Hauptstadt Madrid, gewinnen können. Noch wichtiger war, daß Franco, der nach dem tödlichen Unfall Molas die alleinige Führung des Putsches übernommen hatte, mit seinen Truppen in Spanisch-Marokko festsaß, weil er von der republiktreuen spanischen Marine daran gehindert wurde, über die Meerenge von Gibraltar nach Spanien überzusetzen. Aus dieser Klemme half ihm Hitler heraus, der bereits im Juli 1936 deutsche Flugzeuge nach Spanisch-Marokko sandte, die Francos Truppen auf das spanische Mutterland transportierten, wo sie sofort gegen die republikanischen Einheiten eingesetzt wurden.

[1] Wie unten näher erklärt, wird dieser von der kommunistischen Propaganda erfundene Begriff bewußt aufgenommen, um die Vertreter einer Variante der Totalitarismusdiskussion zu charakterisieren, die in den allgemeinen Überblicken entweder gar nicht oder nur ganz am Rande erwähnt werden. Eine Ausnahme ist der Aufsatz von: Michael Kraushaar, Sich aufs Eis wagen. Plädoyer für eine Auseinandersetzung mit der Totalitarismustheorie, in: Der Mittelweg 36, 1993, S. 6–29; abgedruckt in: Jesse (Hrsg.), Totalitarismus im 20. Jahrhundert, S. 453–470. Kraushaar stützt sich auf die grundlegende Arbeit von: Michael Rohrwasser, Der Stalinismus und die Renegaten. Die Literatur der Exkommunisten, Stuttgart 1991. Sehr schwach ist die Dissertation von: Horst Komuth, Manès Sperber, Arthur Koestler und George Orwell. Der Totalitarismus als Geißel des 20. Jahrhunderts, Würzburg 1987.

[2] Zur Vorgeschichte und zum Verlauf des Spanischen Bürgerkrieges: Walther L. Bernecker, Krieg in Spanien 1936–1939, Darmstadt 1991. Auf weitere Literaturhinweise zum Spanischen Bürgerkrieg wird im folgenden verzichtet, weil dies den Rahmen der vorliegenden Darstellung sprengen würde, in der es vornehmlich um die Analyse eines weiteren Stranges der Totalitarismusdiskussion geht.

Aus dem pronunziamiento war ein Bürgerkrieg geworden, der jedoch vermutlich mit einer Niederlage Francos geendet hätte, wenn ihm nicht Hitler und Mussolini zur Hilfe gekommen wären. Aus dem faschistischen Italien kamen Bodentruppen, und das nationalsozialistische Deutschland sandte die sog. Legion Condor, die mit ihren Luftangriffen auf militärische Stellungen und ungeschützte Städte wie Gernika den Spanischen Bürgerkrieg, der in vieler Hinsicht der Vorläufer des Zweiten Weltkrieges war, wesentlich zum schließlichen Sieg Francos beitrug.

Der war jedoch lange Zeit alles andere als sicher, weil auch die spanische Volksfrontregierung Unterstützung aus dem Ausland erhielt. Die Sowjetunion schickte neben Militärberatern und Geheimdienst-‚Experten' dringend benötigte Waffen, die sie sich aber auf Heller und Pfennig mit dem spanischen Goldschatz bezahlen ließ. Völlig uneigennützig handelten dagegen die Ausländer, die zu Tausenden nach Spanien gingen, um in den Internationalen Brigaden gegen den „Faschismus" zu kämpfen, dessen Sieg man in Italien und Deutschland nicht hatte verhindern können. Diese Argumentation war ebenso bemerkenswert wie merkwürdig.[3] Nach allem, was wir wissen, hatten Deutschland und Italien nämlich keineswegs deshalb interveniert, um in Spanien ein „faschistisches" Regime zu errichten. Dies geschah vielmehr aus machtpolitischen, wirtschaftlichen und, was Deutschland angeht, das in Spanien die neu aufgebaute Luftwaffe für den kommenden Weltkrieg trainierte, auch aus militärischen Gründen. In Spanien selber gab es mit der Falange zwar eine faschistische Partei, die jedoch äußerst schwach war und bei den Parlamentswahlen von 1936 kein einziges Mandat errungen hatte. Franco war zumindest zu diesem Zeitpunkt alles andere als ein „Faschist" und weit mehr an der Unterstützung durch die mächtige katholische Kirche interessiert, die sie ihm dann auch gewährte, indem sie den militärischen Aufstand als „gottgewollten Kreuzzug gegen den gottlosen Bolschewismus" bezeichnete und zugleich legitimierte.[4]

Wenn der Spanische Bürgerkrieg dennoch von beiden Seiten als globale Auseinandersetzung zwischen „Faschismus" und „Antifaschismus" hochstilisiert wurde,[5] dann handelte es sich dabei eigentlich

[3] Dazu und zum Folgenden auch: Wolfgang Wippermann, Europäischer Faschismus im Vergleich 1922–1982, Frankfurt/M. 1983, S. 116ff.

[4] Zu diesem in der Literatur vielfach unterschätzten Aspekt: Wolfgang Wippermann, Lizenz zum Töten. Kreuzzüge in Mittelalter und Moderne, in: Evangelische Kommentare 2/1997, S. 90–92.

[5] So noch von: Peter Weiss, Ästhetik des Widerstandes, Frankfurt/M. 1975.

um ein fast beispielloses historisches Mißverständnis. Daß es dazu kommen konnte, lag keineswegs nur an der Propaganda beider Seiten, sondern vor allem daran, daß zahlreiche der damals bedeutendsten Schriftsteller aus Europa und Übersee den Krieg in Spanien in ihren Reportagen, Reiseberichten, Erinnerungen und Romanen als ‚antifaschistisches Epos‘ beschrieben und gefeiert haben. Zu ihnen gehörten so bekannte Persönlichkeiten wie Ilja Ehrenburg, Ernest Hemingway, Alfred Kantorowicz, Egon Erwin Kisch, Arthur Koestler, Michail Kolzow, George Orwell, Antoine de Saint-Exupéry und viele andere. Doch einige von ihnen erkannten später und teilweise schon damals, daß dieses ‚antifaschistische Epos‘ dunkle Flecken aufwies und daß, um Jorge Semprún zu zitieren, der Krieg in Spanien eben nicht das „grüne Paradies“ des „antifaschistischen Gedächtnisses“ war.[6]

Daß es zu diesem Prozeß der Ernüchterung und nachfolgenden Konversion kommen konnte, war allein Schuld der Sowjetunion, die ihre schönen antifaschistischen Worte durch sehr brutale Taten Lügen strafte.[7] Sie war es, die genau zu dieser Zeit mit den sog. Schauprozessen begann, bei denen fast die gesamte alte Garde der Bolschewiki aufgrund von geradezu grotesken Vorwürfen und mit Hilfe von „Geständnissen“, die das Ergebnis ausgeklügelter Foltermethoden waren, zum Tode verurteilt wurde. Diese Ereignisse fanden zwar im fernen Moskau statt, weshalb sich die kommunistischen „Antifaschisten“ an der spanischen Front damit trösteten, daß sie, wie Alfred Kantorowicz in seinem (allerdings erst 1979 vollständig veröffentlichten) „Spanischen Kriegstagebuch“ notierte, „fern vom Schuß“ seien,[8] doch sehr bald wurde deutlich, daß ‚Moskaus Arm’ auch nach Spanien reichte.

Schon im Dezember 1936 meldete die „Prawda“, daß die „Säuberung“ auch in Spanien begonnen habe und mit der gleichen Härte wie

[6] Jorge Semprún, Was für ein schöner Sonntag!, Frankfurt/M. 1981, S. 213. Mehr zu Semprún und diesem Werk siehe unten S. 67ff.

[7] Zum Folgenden: Michael Rohrwasser, Der Stalinismus und die Renegaten. Die Literatur der Exkommunisten, Stuttgart 1991, S. 58ff.

[8] Alfred Kantorowicz, Spanisches Kriegstagebuch, Frankfurt/M. 1979 S. 114f. Kantorowicz zitiert hier einen namentlich nicht genannten „deutschen Kameraden“, dessen makabres ‚bonmot‘ er mit folgendem Kommentar versieht: „So lange wir vorn in den Schützenlöchern lagen, war alles klein und einfach: vor uns lag der Feind unserer eigenen Völker und der Weltfeind: Nazismus, Faschismus mit ihren Hilfsvölkern und Hilfstruppen. Was weit hinter uns an der Moskwa vor sich ging, Unbegreifliches, Unfaßliches, war nicht in Hautnähe, brannte uns nicht so. Erst wenn der Nazismus beseitigt war, konnte man sich umtun, nach dem Rechten im eigenen Lager zu sehen.“

in Rußland selber durchgeführt werden müßte.[9] Gemeint waren die Mitglieder des „Partido Obrero de la Unificación Marxista (POUM)“, die in ihrer katalonischen Hochburg den Versuch machten, die Gesellschaft im sozialistischen Sinne umzugestalten.[10] Natürlich war dies insofern nicht unproblematisch, weil es zu einem Zeitpunkt geschah, als der Krieg vor einem Wendepunkt stand, und alle, auch die bürgerlichen Antifaschisten gebraucht wurden.

Doch für die Kommunisten war dieser berechtigte Einwand nur ein Vorwand. In ihren Augen war die POUM eine trotzkistische Partei, die mit allen Mitteln zu vernichten sei. Zur Begründung wurde die POUM beschuldigt, als „fünfte Kolonne“[11] Francos zu fungieren und ein Agent der deutschen Gestapo zu sein. Tatsächlich waren es dann Abgesandte der sowjetischen GPU, die den Parteivorsitzenden der POUM Andreu Nin verhafteten, um ihn durch grausame Folterungen zu einem „Geständnis“ zu bewegen. Seine Peiniger scheiterten jedoch an der bemerkenswerten Standfestigkeit Nins und brachten ihn deshalb schließlich um.[12] Auch die übrigen Mitglieder der POUM ließen sich nicht einfach abschlachten. Im Mai 1937 kam es in Barcelona zu erbitterten Kämpfen zwischen der POUM und den Kommunisten, die den Charakter eines Bürgerkrieges im Bürgerkrieg annahmen und mit der fast völligen Vernichtung der POUM endeten.

Diesem Kampf hat George Orwell seine Huldigung „Homage to Catalonia“ gewidmet, in der er sowohl die Grausamkeit der Kommunisten wie die Verlogenheit ihrer Propaganda geißelte.[13] Die hier nur

[9] Zitiert nach dem „Renegaten“ Walther G. Krivitsky (d. i. Samuel Ginsberg), Ich war in Stalins Dienst!, Amsterdam 1940, S. 120.

[10] Dazu und zum Folgenden: Reiner Tosstorff, Die POUM im spanischen Bürgerkrieg, Frankfurt/M. 1987.

[11] Der Begriff kam während des Spanischen Bürgerkrieges auf und wies auf die durchaus vorhandene Tatsache hin, daß sich hinter den Fronten dieses Bürgerkrieges Anhänger beider Seiten befanden, die danach trachteten, ihre Partei bei jeder sich bietenden Gelegenheit zu unterstützen. Diese reale Gefahr wurde jedoch dann maßlos übersteigert, was geradezu hysterische Züge annahm. Während des Zweiten Weltkrieges wurde die „Fünfte Kolonne“ vollends zum Mythos. Vgl. dazu: Louis de Jong, Die deutsche Fünfte Kolonne im Zweiten Weltkrieg, Stuttgart 1959.

[12] Die Einzelheiten diese Mordes wurden erst 1992 anhand von Akten des KGB aufgedeckt. Vgl. dazu: Reiner Tosstorff, Die Mai-Tage 1937 in Barcelona, in: Walter Frey (Hrsg.), Land and Freedom. Ken Loachs „Geschichte der Spanischen Revolution“, Berlin 1996, S. 155–165.

[13] Die deutsche Fassung erschien 1938 unter dem Titel „Mein Katalonien“: George Orwell, Mein Katalonien, Zürich 1938; Neuauflage 1975.

angedeuteten Vergleiche zwischen Kommunismus und Faschismus hat er dann in Werken wie der satirischen „Farm der Tiere“ von 1945 und der utopischen Schrift „1984“ weiter ausgeführt. In ihr beschreibt er mit brillanter Schärfe einen fiktiven „totalitären“ Staat, in dem ein „Großer Bruder“ genannter Herrscher mit Hilfe eines „Wahrheitsministeriums“ und einer allmächtigen „Gedankenpolizei“ die Bevölkerung total kontrolliert, was durch eine eigens erfundene und verordnete „Neusprache“ jedoch vernebelt wird. [14]

Während diese Schriften Orwells auch heute noch viel gelesen werden, geriet sein Augenzeugenbericht über die katalonischen Massaker etwas in Vergessenheit, bis Orwells Landsmann Ken Loach ihm und der POUM 1995 mit dem viel beachteten Film „Land and Freedom“ eine erneute Hommage widmete.[15] Ken Loach hat hier nicht nur die POUM gegen alle Angriffe von rechter und kommunistischer Seite verteidigt, was ihm m. E. auch hervorragend gelungen ist, er weist auch mit sehr diffizilen Mitteln auf Ähnlichkeiten zwischen den moskautreuen Kommunisten und den Francisten hin, die er ebenfalls als „Faschisten“ bezeichnet. Dies gilt etwa für die visuelle Parallelisierung zwischen einem francistischen Offizier, der zu Beginn des Films erscheint, und dem Befehlshaber der kommunistischen Einheit, die die Kämpfer der POUM am Ende entwaffnen, wobei einige von ihnen erschossen werden. Beide Offiziere – der francistische wie der kommunistische – weisen in ihrem autoritär-militärischen Habitus deutliche Ähnlichkeiten auf. So gesehen handelt es sich bei „Land and Freedom“ nicht nur um einen protrotzkistischen, sondern auch um einen antitotalitären Film.

Vielleicht noch wichtiger und wirkungsvoller als Orwells „Mein Katalonien“ waren die autobiographisch geprägten Berichte und Romane Arthur Koestlers.[16] Er stammte aus einer jüdisch-ungarischen Familie und war 1936 im kommunistischen Parteiauftrag nach Spa-

[14] George Orwell, Nineteen Eighty-Four, Harmondsworth 1971. Vgl. dazu: Hans-Joachim Lang, 1984 und Orwells Nineteen Eighty-Four. Anmerkungen zur Literatur, zum Totalitarismus und zur Technik, in: Aus Politik und Zeitgeschichte 1/1984, S. 3–13; und: Horst Neumann/Heinz Scheer (Hrsg.), Plus minus 1984. George Orwell in heutiger Sicht, Freiburg 1983.

[15] Vgl. dazu den schon erwähnten Sammelband von Walter Frey (Hrsg.), Land and Freedom.

[16] Arthur Koestler, Ein spanisches Testament, Frankfurt/M. 1980 (zuerst: 1937); ders., Sonnenfinsternis. Roman, Berlin 1979 (zuerst: 1940); ders., Der Yogi und der Kommissar. Auseinandersetzungen, Frankfurt/M. 1974 (zuerst: 1944); ders., Gottes Thron steht leer. Roman, Frankfurt/M. 1953 (zuerst: 1951).

nien gegangen, wo er von Falangisten verhaftet, aber auf internationalen Druck hin wieder freigelassen wurde. Wegen der kommunistischen Terrorpolitik in Spanien und in der Sowjetunion selber, wo sein bester Freund Alexander Weißburg-Cybulski verhaftet wurde, trat Koestler 1938 aus der KPD aus.[17] Deshalb wurde er von seinen ehemaligen kommunistischen Genossen als besonders widerwärtiger „Renegat" beschuldigt.[18] In seinen autobiographischen[19] und belletristischen Werken hat er immer wieder die europäischen Linken vor dem „gefährlichen Flirt mit dem Totalitarismus" gewarnt.[20] Er fand jedoch immer weniger Gehör unter anderem schon deshalb, weil die Zeitschrift „Der Monat", in der Koestler wiederholt publizierte, von der CIA finanziert wurde.[21]

Genau wie Koestler wurden auch die übrigen bereits erwähnten sowie die anderen „Renegaten" Franz Borkenau, Heinz Brandt, Margarete Buber-Neumann, El Campesino (d. i. Valentin Gonzales), Milovan Djilas, Ruth Fischer, Wolfgang Leonhardt, Theodor Plivier, Gustav Regler, Willi Schlamm, Manès Sperber, Carola Stern u. a.[22] seit den 60er Jahren als „Kalte Krieger" diffamiert und mit Mißachtung gestraft, weil sie sich als westliche Propagandisten im Kalten Krieg betätigt hatten.[23] Beispielhaft ist ein von Franz Borkenau herausgegebener Sammelband, der Texte von Margarete Buber-Neumann, El Cam-

[17] Dazu: Rohrwasser, Der Stalinismus und die Renegaten, S. 354f.

[18] Begriff und Sache des „Renegaten" gab es zwar schon vorher, wurde jedoch erst wegen und nach der Konversion vieler einstmals kommunistischer Spanienkämpfer zu einem Topos der kommunistischen Propagandasprache.

[19] Vgl.: ders., Gesammelte autobiographische Schriften, Bd. 1–2, München 1970–1971; und seine Lebensbeschreibungen: Arthur Koestler, Pfeil ins Blaue. Bericht eines Lebens 1905–1931, München 1953; ders., Die Geheimschrift. Bericht eines Lebens, Wien 1955; ders. und Cynthia Koestler, Auf fremden Plätzen. Bericht über eine gemeinsame Zeit. Autobiographie 1940–1956, Wien 1984.

[20] Arthur Koestler, Demi-Vierges und gefallene Engel. Der gefährliche Flirt mit dem Totalitarismus, in: Der Monat 1, 1949, H. 11, S. 119–121.

[21] Vgl.: Paul Coleman, The Liberal Conspiracy. The Congress for Cultural Freedom and the Struggle for the Mind of Postwar Europe, New York 1989.

[22] Vgl. dazu die Kurzbiographien bei: Rohrwasser, Der Stalinismus und die Renegaten, S. 349ff.

[23] Vgl. dazu: Kraushaar, Sich aufs Eis wagen, S. 462, der unter Hinweis auf die vom Hamburger Institut für Sozialforschung betriebene Neubewertung der Totalitarismustheorien schreibt: „Fast will es scheinen, als hätten wir uns mit ‚1995' 44 Jahre später der Themen des ‚Monats', dieses von der CIA ‚gesponserten' Renegaten-Organs angenommen."

pesino, Wolfgang Leonhard, Carola Stern und Leo Trotzki enthielt und 1952 unter dem bezeichnenden Titel „Der Gott der keiner war" erschien.[24] So interessant die einzelnen Konversionsberichte der Autoren sind, in denen sie beschreiben, wann und warum sie erkannten, daß der Kommunismus nicht unfehlbar und Stalin eben doch kein „Gott" war, so durchsichtig ist die gegenwartspolitische Funktion. Alfred Kantorowicz hatte nicht unrecht, wenn er diesen Sammelband als „das antikommunistische Manifest" bezeichnete.[25]

Damit haben wir einen der letzten und gerade deshalb auch interessantesten „Renegaten" genannt.[26] Der 1899 in Berlin geborene Alfred Kantorowicz entstammte einer sehr wohlhabenden Berliner jüdischen Familie. 1917 meldete er sich freiwillig zur Front, wo er für besondere Tapferkeit mit dem Eisernen Kreuz ausgezeichnet wurde. Danach war er für kurze Zeit Mitglied eines Freikorps, was ebenfalls auf seine betont nationale Gesinnung hindeutet, die Kantorowicz übrigens auch später niemals völlig verleugnet hat, obwohl er 1931 in die KPD eintrat. Für seine Partei war Kantorowicz als Journalist und als Leiter der Parteizelle in der sog. „Künstlerkolonie" in Berlin-Wilmersdorf tätig, die von Freund und Feind als „Roter Block" bezeichnet wurde. Da er als Jude und schon ziemlich bekannter Kommunist um sein Leben fürchten mußte, emigrierte Kantorowicz schon im März 1933 nach Paris. Dort wurde er zum Generalsekretär des Schutzverbandes Deutscher Schriftsteller im Exil ernannt und wirkte an dem „Braunbuch über Reichstagsbrand und Hitlerterror" mit, weshalb er 1934 von den Nationalsozialisten ausgebürgert wurde. Im Sommer 1936 reiste er in die Sowjetunion, wo er den Beginn der Schauprozesse miterlebte. Dennoch blieb er seiner kommunistischen Gesinnung treu und kämpfte bis zu seiner schweren Verwundung im Frühsommer 1937 in den Reihen der Internationalen Brigaden in Spanien. Ihre „antifaschistischen" Heldentaten hat er in dem von ihm herausgegebenen Propagandabuch „Tschapaiew. Das Bataillon der 21. Nationen" völlig kritiklos verherrlicht.[27] 1938 verließ Kantorowicz Spanien und lebte in Frankreich, bis er 1940 von der Polizei der Vi-

[24] Franz Borkenau (Hrsg.), Der Gott der keiner war, Köln 1950.

[25] Ohne Quellenangabe zitiert bei: Kraushaar, Sich aufs Eis wagen, S. 461.

[26] Zum Folgenden die gut gelungene werkbiographische Skizze von: Rohrwasser, Der Stalinismus und die Renegaten, S. 105 ff.

[27] Alfred Kantorowicz, Tschapaiew. Das Bataillon der 21 Nationen. Dargestellt in Aufzeichnungen seiner Mitkämpfer. Redigiert von Alfred Kantorowicz, Informationsoffizier des Bataillons, Madrid 1938.

chy-Regierung verhaftet und in ein Internierungslager gesteckt wurde, aus dem er jedoch entkommen konnte. 1941 gelang ihm die Flucht nach Amerika, wo er wiederum als Journalist (unter anderem beim Rundfunksender CBS) tätig war.

1946 kehrte Kantorowicz nach Berlin zurück. Hier war er zunächst sowohl für den RIAS wie für den bereits von den Kommunisten kontrollierten Ost-Berliner Sender tätig. Diesen ideologischen Spagat setzte er mit der Herausgabe einer kulturpolitischen Zeitschrift fort, die ursprünglich „Die Brücke“ heißen sollte, um dann den nicht weniger programmatischen Titel „Ost und West“ zu tragen. 1949, als der Kalte Krieg mit der Blockade Berlins seinen ersten Höhepunkt erreichte, mußte diese Zeitschrift ihr Erscheinen einstellen. Kantorowicz, der 1948 die erste Version seines „Spanischen Tagebuches“ herausgab,[28] in dem der Antifaschismus der kommunistischen Interbrigadisten noch ziemlich kritiklos verherrlicht wurde, mußte sich entscheiden. Und er entschied sich scheinbar ohne Wenn und Aber für den „ersten antifaschistischen Staat auf deutschem Boden“. 1950 trat er der SED bei und wurde gewissermaßen im Gegenzug zum Professor für Neueste Deutsche Literatur an die Humboldt-Universität berufen. Daß Kantorowicz dieser Aufgabe gewachsen war, bewies er durch die Herausgabe einer zwölfbändigen Heinrich-Mann-Ausgabe.

Doch 1956 muckte der bis dahin als absolut linientreu geltende Kantorowicz auf. Er veröffentlichte eine scharfe Kritik an dem, wie er ihn nannte, „Funktionärsbarden“ Kurt Barthel („Kuba“) und weigerte sich, eine Resolution gegen die aufständischen Ungarn zu unterzeichnen. Ein Jahr später sah er sich gezwungen, ziemlich Hals über Kopf zunächst nach Westberlin, dann nach Bayern zu fliehen. Hier wurde er keineswegs mit offenen Armen aufgenommen, zumal er sich im Unterschied zu vielen anderen „Renegaten“ strikt weigerte, dem damaligen antikommunistischen Zeitgeist Tribut zu zollen.[29]

Dennoch ist Kantorowicz ohne Zweifel zu den „Renegaten“ zu zählen. Allerdings war er nicht nur ein später, sondern ein „Renegat“, der bis zu seinem Lebensende – er starb 1979 in Hamburg – soviel wie möglich von seiner ursprünglichen antifaschistischen Überzeugung bewahren wollte. Sein Antitotalitarismus war, kurz gesagt, primär antifaschistisch. Dies soll an seinem wohl wichtigsten Werk, dem

[28] Alfred Kantorowicz, Spanisches Tagebuch, Berlin 1948.

[29] Ihm wurde zunächst sogar die Anerkennung als Verfolgter des NS-Regimes verweigert. Vgl. Rohrwasser, Der Stalinismus und die Renegaten, S. 112.

zuerst 1966 veröffentlichten und 1979 noch einmal veränderten „Spanischen Kriegstagebuch“ verdeutlicht werden.[30]

Das „Spanische Kriegstagebuch“ unterscheidet sich von dem „Spanischen Tagebuch“ von 1948 einmal durch die nun reduzierte antifaschistische Siegeszuversicht. Hinzu kommt die Kritik an den, wie sie Kantorowicz mit äußerster Verachtung nennt, „Funktionären“ und „Apparatschiks“, die die antifaschistischen Ideale der ‚einfachen Spanienkämpfer‘ mißachtet und mit Füßen getreten hätten. Auf den ersten Blick mutet dies wie eine „antistalinistische Dolchstoßlegende“ an.[31] Doch tatsächlich steckt mehr dahinter. Es geschieht keineswegs zufällig oder unüberlegt, wenn Kantorowicz die verhaßten kommunistischen Funktionäre als „Gauleiter“, „Sturmabteilungsmänner“, „Stumführer“ etc. bezeichnet und ihnen vorwirft, die „Sprache Streichers“ und den „Stil des ‚Völkischen Beobachters‘“ zu benutzen.[32]

Tatsächlich haben sich die Kommunisten ja in ihrem politischen Stil, ihren Methoden und selbst in ihrer Sprache an die der Faschisten angeglichen. Die von Victor Klemperer so meisterhaft beschriebene und analysierte „LTI. Lingua Tertii Imperii. Die Sprache des Dritten Reiches“[33] hat ja ohne Zweifel in der DDR in veränderter Form fortgelebt, und zwar keineswegs nur im Volk, sondern vor allem in den Reden und Verlautbarungen der kommunistischen Politiker und Propagandisten. Hier gibt es zwar keine Identität, wohl aber eine Kontinuität.

Und auf diese Kontinuität zwischen Faschismus und Kommunismus bzw. Stalinismus hat Kantorowicz mehrmals hingewiesen. Am deutlichsten vielleicht in seinem 1959 veröffentlichten „Deutschen Tagebuch“, wo er das Märchen vom Bauern und dem Drachen, das dem bekannteren von Rotkäppchen und dem bösen Wolf ähnelt, folgendermaßen interpretiert und auf die Gegenwart anwendet: „Ja, so war das. *Unser* Erlebnis war es. *Wir* waren dieser Bauer. *Wir* glaubten *uns* und die Kinder *unseres* Volkes vor der Bestie Nazismus gerettet zu haben, aber wie *wir uns* umwandten, war das Untier, das *uns* in harm-

[30] Alfred Kantorowicz, Spanisches Kriegstagebuch, Köln 1966; ders., Spanisches Kriegstagebuch, Frankfurt/M. 1979; Neuauflage 1982. Ausführlich zu den einzelnen Fassungen: Rohrwasser, Der Stalinismus und die Renegaten, S. 119ff.

[31] Rohrwasser, Der Stalinismus und die Renegaten, S. 125.

[32] Beispiele nach Rohrwasser, Der Stalinismus und die Renegaten, S. 125.

[33] Victor Klemperer, LTI. Lingua Tertii Imperii. Die Sprache des Dritten Reiches, Frankfurt/M. 1982 (zuerst: 1947).

los vertrauter Gestalt getäuscht hatte, hinter *uns* auferstanden und hielt *uns* in seinen mörderischen Klauen.“[34]

Abschließend und zusammenfassend kann gesagt werden, daß Kantorowicz im Unterschied zu anderen „Renegaten“ Faschismus und Kommunismus nicht identifiziert, sondern die These von einer Kontinuität zwischen beiden ‚Totalitarismen‘ vertreten hat, ohne jedoch dabei den Begriff Totalitarismus selber zu verwenden.

Eine ähnliche, aber zugleich weit radikalere Entwicklung hat Jorge Semprún genommen, der ebenfalls zu den „Renegaten“ zu zählen ist, obwohl er zwanzig bis dreißig Jahre jünger als die bisher genannten ist.[35] Der 1923 in Madrid geborene Semprún ist Anfang 1937 mit seinen Eltern nach Paris emigriert, wo er sich nach dem deutschen Überfall einer kommunistischen Résistance-Gruppe anschloß. 1943 wurde er verhaftet und in das Konzentrationslager Buchenwald deportiert. Da die dortige Häftlingsselbstverwaltung von Kommunisten dominiert wurde, erhielt Semprún wegen seiner Mitgliedschaft in der kommunistischen Partei Frankreichs und der Spaniens, die bei den kommunistischen Häftlingen ein sehr großes Ansehen genoß, einen Posten in der sog. Arbeitsstatistik. Dies bewahrte ihn vor der mörderischen Zwangsarbeit im Steinbruch oder in den Fabriken, die in den Außenlagern Buchenwalds wie Dora-Mittelbau (das dann ‚selbständiges‘ KZ wurde) geleistet werden mußte, was die weitaus meisten Häftlinge nicht überlebten. Als Funktionshäftling mußte Semprún dann selber mitentscheiden, ob neueingelieferte Häftlinge in eines dieser Außenlager und ‚Fabriken des Todes‘ eingeliefert wurden. Dies war der Preis, den er und die übrigen „roten Kapos“ von Buchenwald für ihr Überleben und das ihrer Genossen zahlen mußten.[36]

Nach der Befreiung Buchenwalds, die Semprún übrigens der kommunistischen These folgend als „Selbstbefreiung“ deutet, ging Semprún zurück nach Paris, wo er 1954 zum ZK-Mitglied der illegalen kommunistischen Partei Spaniens gewählt wurde. Unter dem Deck-

[34] Alfred Kantorowicz, Deutsches Tagebuch. Erster Teil, München 1959, S. 12 f.; zitiert nach: Rohrwasser, Der Stalinismus und die Renegaten, S. 124.

[35] Vgl. zum Folgenden: Ad personam: Jorge Semprun, in: Jorge Semprun, Blick auf Deutschlands Zukunft. Rede zur Entgegennahme des Weimar-Preises der Stadt Weimar am Tag der Deutschen Einheit 3. Oktober 1995, Frankfurt/M. 1995, S. 43 ff.

[36] Dazu und zur Verdrängung und Leugnung dieses Aspekts von Buchenwald in der DDR: Lutz Niethammer (Hrsg.), Der „gesäuberte Antifaschismus“. Die SED und die roten Kapos von Buchenwaldt, Berlin 1994. Semprún wird in diesem Band mehrfach erwähnt.

namen Frederico Sanchez war Semprún dann selber jahrelang im antifrancistischen Untergrund in Spanien tätig, bis er 1964 zusammen mit dem Parteitheoretiker Fernando Claudin wegen angeblicher „parteifeindlicher“ Thesen aus der KP Spaniens ausgeschlossen wurde. Diese „parteifeindlichen“ Thesen wurden dann wenige Jahre später von der nun „eurokommunistischen“ spanischen KP übernommen. Doch zu diesem Zeitpunkt hatte sich Semprún bereits vollends vom Kommunismus losgesagt, so daß seine Rückkehr und Rehabilitierung undenkbar geworden war. 1988 wurde Semprún von Filipe Gonzales zum spanischen Kultusminister ernannt. Dieses Amt gab er jedoch drei Jahre später wieder auf, um sich wie schon vorher ganz der Schriftstellerei zu widmen.

Im Zentrum seines literarischen Schaffens steht, wie könnte es anders sein, seine eigene mehr als bemerkenswerte Biographie. Dabei wurde neben seiner Zeit als antifrancistischer Widerstandskämpfer in Spanien[37] der Aufenthalt im deutschen KZ Buchenwald besonders intensiv beschrieben. Ihr widmete Semprún einmal „Die große Reise“, in der die Verhaftung in Frankreich und der Transport nach Buchenwald geschildert wird,[38] und zum anderen sein wohl wichtigstes und bestes Werk „Was für ein schöner Sonntag!“.[39]

In diesem Buch wird der Verlauf eines einzigen Tages beschrieben, den Semprún im Dezember 1944 in Buchenwald verbracht hat, wobei jedoch immer wieder auf andere frühere und spätere Aspekte und Episoden in seinem Leben verwiesen wird. Titel und Thema sind Alexander Solschenizyns „Ein Tag im Leben des Iwan Denissowitsch“ entlehnt worden. Dies hat eine leitmotivische Funktion. Semprún gibt nämlich an, daß seine Konversion mit der Lektüre dieser Erzählung Solschenizyns im Jahre 1963 begonnen habe.[40] Die endgültige Abwendung vom Kommunismus scheint jedoch erst nach Erscheinen von Solschenizyns „Archipel Gulag“ erfolgt zu sein,[41] der bei Semprún wie bei vielen anderen linken Intellektuellen in Frank-

[37] Jorge Semprún, Der zweite Tod des Ramon Mercader. Roman, Frankfurt/M. 1974 (zuerst: 1964); ders., Frederico Sanchez. Eine Autobiographie, Frankfurt/M. 1978.

[38] Jorge Semprún, Die große Reise, Frankfurt/M. 1981.

[39] Jorge Semprún, Was für ein schöner Sonntag!, Frankfurt/M. 1991 (zuerst: Paris 1980).

[40] Ebenda S. 140: „Ich konnte dieses Leben, das sich auf unsichtbare, aber grundlegende Art durch die Lektüre von ‚Ein Tag im Leben des Iwan Denissowitsch‘ geändert hatte, weiter leben.“

[41] Vgl. ebenda S. 375.

reich (denen sich Semprún verbunden fühlte) einen Schock – den „Gulag-Schock“ ausgelöst hat.[42]

Semprún klagt sich nun selber an, diese Erkenntnis nicht schon im Mai 1945 gewonnen zu haben, als er in Buchenwald befreit wurde, während zur gleichen Zeit Solschenizyn im Gulag verschwand. Daher sei der Sieg über den Faschismus „keiner für uns“ gewesen.[43] Daß das Gulag-System nach der Befreiung der deutschen Konzentrationslager weiter bestand, ist zweifellos richtig. Anerkennenswert ist auch, daß sich Semprún vorgenommen hat, seine Erfahrungen im deutschen Konzentrationslager Buchenwald in „Kenntnis“, bzw. wie er etwas pathetisch formuliert „im blendenden Licht der Scheinwerfer des Lagers von Kolyma, das meine Erinnerungen an Buchenwald erhellte“, „umzuschreiben“.[44] Doch muß dieses Umschreiben zu einer Identifizierung von deutschen KZs und sowjetischen Gulags führen, weil in beiden das Prinzip geherrscht habe, „durch Zwangsarbeit arbeiten zu lassen und zu bessern, umzuerziehen“?[45]

Nein, schon im sog. „Kleinen Lager“ in Buchenwald, von Auschwitz-Birkenau und den übrigen Todesfabriken ganz abgesehen, wurde niemand mehr zur „Zwangsarbeit“ herangezogen oder gar „umerzogen“. Obwohl oder gerade vielleicht weil Semprún selber Häftling in einem Konzentrationslager (aber eben nicht in einem Vernichtungslager) war, wird er der historischen Realität nicht gerecht, wenn er formuliert, daß in den „Nazilagern“ vornehmlich „Gegner“ gesessen hätten, während im Gulag vor allem frühere überzeugte Kommunisten inhaftiert wurden.[46]

Wenn Semprún von der angeblichen Gleichheit von KZ und Gulag auf die „gemeinsame Essenz der Terrorsysteme der Nazis und der Sowjets“ schließt,[47] dann ist ihm nicht nur der Unterschied zwischen dem sowjetischen Gulag und den deutschen Todesfabriken nicht bekannt. Es ist ihm auch entgangen, daß der nationalsozialistische Terror einen anderen Zweck hatte: er diente vornehmlich der Realisierung der nationalsozialistischen Rassenideologie durch millionenfachen Rassenmord. Der vielleicht nicht singuläre, auf jeden Fall aber besondere Charakter des Dritten Reiches und des Holocaust wird von Semprún durch den folgenden, auch sprachlich völlig verunglückten

[42] Vgl. dazu Kap. 6, S. 76ff.
[43] Ebenda S. 274.
[44] Ebenda S. 391.
[45] Ebenda S. 142.
[46] Ebenda S. 218f.
[47] Ebenda S. 142.

Satz nicht einmal ansatzweise erkannt: „Ich dachte daran, daß Stalin ganz allein ein riesiges Konzentrationslager, eine ideologische Gaskammer gewesen war, eine Art Verbrennungsofen des Richtigen Denkens.“[48]

Wie die übrigen „Renegaten“ zeigt Semprún ein sehr geringes Interesse für die Spezifik des Holocaust, das bei ihm jedoch um so merkwürdiger wirkt, weil ihm anders als den anderen „Renegaten“ die Holocaust-Literatur bekannt sein mußte.[49] In dieser Hinsicht ähnelt Semprún, wie wir im nächsten Kapitel sehen werden, den französischen Intellektuellen, zu denen er sich lange Zeit rechnete.

[48] Ebenda S. 170.

[49] Diese Kritik wird von den Semprún-Experten nicht geteilt. Vgl.: Volkhard Knigge, Laudatio auf Jorge Semprun, in: Jorge Semprun, Blick auf Deutschlands Zukunft. Rede zur Entgegennahme des Weimar-Preises der Stadt Weimar am Tag der Deutschen Einheit 3. Oktober 1995, Frankfurt/M. 1995, S. 29–42; und: Richard Faber, Erinnern und Darstellen des Unauslöschlichen. Über Jorge Sempruns KZ-Literatur, Berlin 1995.

6. DIE VERSPÄTETE REZEPTION IN FRANKREICH

Auf die Renaissance der Totalitarismustheorie in Deutschland haben sich auch die Schriften einiger französischer Autoren ausgewirkt, die sofort übersetzt und sehr positiv rezipiert wurden.[1] Dies ist deshalb so bemerkenswert, weil sich französische Wissenschaftler lange Zeit überhaupt nicht an der internationalen Totalitarismusdiskussion beteiligt haben. Maßgebend dafür war das spezifische intellektuelle Klima Frankreichs.

Im krassen Unterschied zu Deutschland war es nämlich der französischen intellektuellen Linken gelungen, schon in der Zwischenkriegszeit eine hegemoniale Stellung zu erringen, die sie dann nach und wegen der Zeit der deutschen Besatzung noch weiter ausbauen konnte, weil sich viele Repräsentanten der Rechten durch ihre Kollaboration mit dem einheimischen und deutschen Faschismus desavouiert hatten. Dies und ein in Frankreich generell weit verbreiteter Antiamerikanismus führten dazu, daß es unter den französischen Intellektuellen bis in die 70er Jahre hinein absolut verpönt war, den Kommunismus im allgemeinen, das Regime Stalins im besonderen zu kritisieren.[2]

Doch es gab Ausnahmen. Zu ihnen gehörte Boris Souvarine, der sich zu einem der ersten und zugleich bedeutendsten französischen Antikommunisten entwickelte. Dabei hatte der 1894 in Kiew als Boris Lifschitz geborene Souvarine, der schon als Kind zusammen mit seinen Eltern nach Frankreich eingewandert war, zu den Mitgründern der französischen KP gehört und einige Jahre das Moskauer Sekretariat der Kommunistischen Internationale geleitet. Doch schon Ende der 20er Jahre wurde er wegen seiner Parteinahme für Trotzki aus der französischen KP ausgeschlossen. Deshalb kann man ihn auch zu den

[1] Vgl. etwa: Uwe Backes/Eckhard Jesse, Totalitarismus–Extremismus–Terrorismus. Ein Literaturführer und Wegweiser im Lichte deutscher Erfahrungen, Opladen 1984, S. 47 ff.

[2] Dazu und zum Folgenden: David Bosshart, Politische Intellektualität und totalitäre Erfahrung. Hauptströmungen der französischen Totalitarismuskritik, Berlin 1992. Die Arbeit ist rein ideengeschichtlich orientiert und geht weder auf die allgemeine Totalitarismusforschung noch auf die Historiographie und Geschichte des Nationalsozialismus und Kommunismus ein.

„Renegaten" zählen.[3] Kurz darauf brach er auch mit Trotzki und entwickelte sich zu einem scharfen Kritiker des Kommunismus im allgemeinen, Stalins im besonderen, dessen Verbrechen er in einer 1935 veröffentlichten und 1940 erweiterten Biographie mit scharfen Worten anprangerte.[4]

In diesem Buch hat er die Sowjetunion unter Stalin verschiedentlich als einen „totalitären Staat" bezeichnet,[5] wobei er dann jedoch nicht weiter ausführte, warum der „Neologismus ‚totalitär' auf beide (Regime) wunderbar" passe, und welche „Ähnlichkeiten des rechten und linken Totalitarismus" er konkret meinte.[6] Allerdings wurde diese These eher beiläufig geäußert[7] und nicht durch einen umfassenden Vergleich beider Regime begründet.[8] Dennoch ist es nicht berechtigt, daß Souvarines Beitrag von der allgemeinen Totalitarismusforschung so wenig gewürdigt worden ist.[9]

Dies trifft auch auf Bernard Lavergne zu, der 1936 einen Aufsatz über die nationalsozialistische Machtergreifung in vergleichender Perspektive publizierte,[10] um ein Jahr später einige grundlegende Betrach-

[3] Eher beiläufige Erwähnung bei: Rohrwasser, Der Stalinismus und die Renegaten.

[4] Boris Souvarine, Stalin. Anmerkungen zur Geschichte des Bolschewismus, München 1980 (zuerst: 1935/1940). Die erste deutsche Ausgabe folgt einer französischen, die 1977 herauskam, wofür vermutlich der Gulag-Schock verantwortlich war. In seinem 1977 geschriebenen Vorwort weist Souvarine selber auf Solschenizyn hin und erwähnt, daß die Ausgabe von 1940 nicht sehr erfolgreich war und nach Souvarines Emigration nach Amerika auch keinen amerikanischen Verleger fand. Zu Souverine jetzt die Monographie von: Jean Louis Panné, Boris Souvarine, le premier désenchanté du communisme, Paris 1993.

[5] Vgl. bes. S. 602.

[6] Ebenda S. 602 u. 601.

[7] Souvarine war statt dessen bemüht, Ähnlichkeiten zwischen Stalin und russischen Herrschern wie Peter dem Großen und Ivan dem Schrecklichen aufzuzeigen. Vgl. bes. S. 507 ff.

[8] Dies hat Souvarine auch in dem 1977 verfaßten „Nachwort" nicht getan (S. 613–669). Hier finden sich neben scharfen Angriffen gegen Stalin nur lobende Worte für Solschenizyn, durch dessen „Archipel Gulag" sich der inzwischen über 80 Jahre alte Souvarine bestätigt fühlte. Hannah Arendt oder andere Totalitarismustheoretiker werden nicht erwähnt.

[9] In den genannten Überblicken von Jänicke, Schlangen und Maier (Hrsg.) wird er jedenfalls nicht erwähnt.

[10] Bernard Lavergne, Le coup de force de l'Allemagne; l'Angleterre et la situation international, in: L'Année Politique Française et Étrangère, 11, 1936, S. 30 ff.

tungen über die „totalitären Diktaturen" generell anzustellen, zu denen er neben den „faschistischen Staaten" auch die Sowjetunion zählte.[11] Die „drei Diktaturen" in Deutschland, Italien und Rußland würden sich zwar in ihren „sozialen Leitbildern" stark unterscheiden, „aber in ihrer politischen Intoleranz und im Aufbau ihrer Macht sind sie gleich".[12]

Dieser Vergleich war im damaligen Frankreich mehr als unpopulär. Schließlich wurde die Sowjetunion von den damaligen französischen Intellektuellen fast ausnahmslos bewundert. Zu den wenigen Ausnahmen gehörte der von Lavergne zitierte André Gide, der in seinem Reisebericht „Rückkehr aus der UdSSR" darauf hingewiesen hatte, daß das sowjetische Regime „jegliche Gedankenfreiheit" ablehne.[13] Nach Lavergne könne dies auch in Frankreich geschehen, womit er keineswegs die faschistischen Gruppierungen, sondern die Volksfrontregierung unter Léon Blum meinte, die damals – 1937 – gerade bei den französischen Intellektuellen äußerst populär war. Das Frankreich der Volksfront befände sich an einem „Kreuzweg", allerdings „glücklicherweise noch näher der Freiheit als der Diktatur".[14] Doch wenn die Volksfrontregierung so weiter mache, könne auch Frankreich das Schicksal der „meisten Länder Europas" teilen, in denen „der größte Teil der in der Französischen Revolution erkämpften persönlichen und öffentlichen Freiheiten zunichte gemacht" worden seien.[15]

Lavergne bezeichnete alle Staaten, in denen die „Freiheit (...) unterdrückt" sei, als „totalitär".[16] Als weitere Kennzeichen nannte er den „Ausbruch des Nationalgefühls", die „Schaffung eines möglichst mächtigen und wohlhabenden Staates" und das Vorhandenseins eines „irrationalen Mystizismus" bzw. einer „Heilsreligion".[17] Gerade weil er von einer derartigen „Heilsreligion" geprägt sei, weise der „moderne totalitäre Staat" Ähnlichkeiten mit dem „der letzten Jahrhunderte

[11] Bernard Lavergne, Les États totalitaires ou le retour de l'Europe au XVe ou XVIIe siècle, in: L'Année Politique Française et Étrangère, 12, 1937, S. 1–19; in: Seidel/Jenkner (Hrsg.), Wege der Totalitarismus-Forschung, S. 64–85, S. 70.

[12] Ebenda S. 70.

[13] Ebenda S. 69.

[14] Ebenda S. 70.

[15] Ebenda S. 64.

[16] Ebenda S. 65.

[17] Ebenda S. 73, 75 und 76ff. Das von Lavergne allerdings nicht weiter ausformulierte Konzept der „Heilsreligion" weist Ähnlichkeiten mit Voegelins Begriff der „politischen Religion" auf. Vgl. dazu oben Kap. 2, S. 22ff.

der Feudalherrschaft" auf.[18] Die „totalitären Staaten" Europas stellten daher einen „Rückfall in das 16." und vor allem „17. Jahrhundert mit seiner geistigen Unduldsamkeit und seiner politischen Despotie" dar.[19]

Seine Rückfall-These, die er für so wichtig hielt, daß er sie bereits im Titel seines Aufsatzes verwandte, faßte Lavergne folgendermaßen zusammen: „Wir wissen außerdem, daß das Sowjetregime sowohl wirtschaftlich wie politisch einen ungeheuren Rückschritt darstellt, eine traurige Negation aller modernen Freiheiten und eine Rückkehr zu Wirtschaftsmethoden, die in der Industrie nur mäßige Ergebnisse zeitigen. Wir wissen objektiv nicht, ob das Paradies der Christen existiert; aber wir können zahlenmäßig beweisen, daß das der Bolschewisten, Nationalsozialisten oder der Faschisten nur eine Legende ist."[20]

Lavergnes Aufsatz erschien, wie gesagt, 1937 und damit in einer Zeit, in der wohl niemand ahnen konnte, daß es in naher Zukunft nicht nur zu einem Rückfall in das 17. Jahrhundert, sondern in die Barbarei und zu einem beispiellosen „Zivilisationsbruch" kommen würde, für den Auschwitz Beweis und Symbol geworden ist. Schon deshalb wurde vermutlich Lavergnes Rückfall-These als unglaubwürdige Spekulation abgetan. Hinzu kam seine zumindest im Frankreich der Volksfrontregierung unzeitgemäße Kritik an der Sowjetunion und am Sozialismus generell, die dazu führte, daß Lavergne selber als unzeitgemäß abgestempelt wurde.

Dieses Schicksal teilte er lange Zeit auch mit Raymond Aron[21], der sich bereits in den 30er Jahren mit dem Nationalsozialismus beschäftigt und darüber auch einige Aufsätze publizierte, die aber bald in Vergessenheit gerieten.[22] Sehr beachtet wurde dagegen seine heftige Schelte der französischen Intellektuellen, denen er in seinem 1955 veröffentlichten Buch „L'opium des intellectuels" vorwarf, völlig blind

[18] Ebenda S. 76.

[19] Ebenda S. 83.

[20] Ebenda.

[21] Allgemein zur Aron: Joachim Stark, Das unvollendete Abenteuer. Geschichte, Gesellschaft und Politik im Werk Raymond Arons, Würzburg 1986; Brigitte Gess, Liberales Denken und intellektuelles Engagement. Die Grundzüge der philosophisch-politischen Reflexionen Raymond Arons, München 1988.

[22] Sie liegen jetzt auch in deutscher Übersetzung vor: Joachim Stark (Hrsg.), Raymond Aron. Über Deutschland und den Nationalsozialismus. Frühe politische Schriften 1930–1939, Opladen 1993.

für die Verbrechen des Stalinismus zu sein, an ihren kommunistischen Überzeugungen wie an einer „weltlichen Religion“[23] festzuhalten und immer noch auf die angeblich „gute“ kommunistische Revolution zu hoffen.[24] Diese Schrift machte Aron mit einem Schlage bekannt.

Zwischen 1963 und 1965 veröffentlichte er dann eine Vorlesungsreihe zur Geschichte der modernen Industriegesellschaft, deren dritter Teil den Titel „Démocratie et totalitarisme“ trug.[25] Diese Formulierung ist nicht ganz passend, denn tatsächlich hat Aron hier die „Mehrparteiensysteme“ in den Demokratien, die Aron die „begrenzten“ Staaten nennt, den „Einparteiensystemen“ in den „totalen“ Staaten gegenübergestellt.[26] Zu diesen „Einparteiensystemen“ rechnete Aron konservative Regime wie das Salazars in Portugal sowie die faschistischen und kommunistischen Staaten.[27] Dabei ist seine Argumentationsweise nicht widerspruchsfrei. Einerseits weist er nämlich darauf hin, daß sich Faschismus und Kommunismus in ihrer Ideologie und Zielsetzung sowie in ihrem Verhältnis zur jeweils herrschenden Klasse und im Hinblick auf ihre Wählerbasis wesentlich unterschieden,[28] andererseits meint er dann doch bedeutende Ähnlichkeiten zwischen diesen „Einparteiensystemen“ feststellen zu können, wobei er sich des Merkmalskatalogs bedient, den Friedrich und Brzezinski entworfen haben, ohne dies jedoch kenntlich zu machen.[29] Vollends problematisch wird es, wenn Aron meint, daß das Dritte Reich ‚nur‘ die „irrationale Version“ des Totalitarismus repräsentiert habe, während die Sowjetunion die ‚eigentliche‘ und „hyperrationale Variante“ darstelle.[30]

So anerkennenswert es ist, daß Aron die westlichen Demokratien

[23] Zur zentralen Bedeutung des Begriffs „religion séculière“ bei Aron: Brigitte Gess, Die Totalitarismuskonzeption von Raymond Aron und Hannah Arendt, in: Maier (Hrsg.), „Totalitarismus“ und „Politische Religionen“, S. 264–274. Gess weist zwar auf Parallelen zu Voegelins Begriff der „politischen Religion“ hin, geht aber nicht auf Lavergnes Konzept der „Heilsreligion“ ein. Mehr dazu siehe unten Kap. 8, S. 108.

[24] Deutsche Übersetzung: Raymond Aron, Opium für Intellektuelle oder die Sucht nach Weltanschauung, Köln 1957.

[25] Deutsche Übersetzung: Raymond Aron, Demokratie und Totalitarismus, Hamburg 1970.

[26] Ebenda S. 53 ff.

[27] Ebenda S. 165 ff.

[28] Ebenda S. 171 f.

[29] Ebenda S. 205 f. Vgl.: Gress, Die Totalitarismuskonzeption, S. 107 f.

[30] Vgl. dazu: Gress, Die Totalitarismuskonzeption, S. 267.

für besser als die „Einparteien-Regime" hält,[31] so sehr ist ihm die Unterschätzung der terroristischen Fähigkeiten des nationalsozialistischen „Rassenstaates" vorzuwerfen, dessen beispiellose Verbrechen in diesem Buch nur ganz am Rande erwähnt werden. Im Mittelpunkt des Interesses von Aron stand unzweifelhaft die damals noch gegenwärtige Sowjetunion und nicht das vergangene Dritte Reich. Damit befand er sich ganz offensichtlich in Übereinstimmung mit seinen Lesern in Frankreich, wo man, wie bereits erwähnt, erst jetzt, d. h. Mitte der 70er Jahre begann, die Verbrechen Stalins zur Kenntnis zu nehmen.

Einen maßgebenden Einfluß übten dabei keineswegs die ‚klassischen' Totalitarismustheorien aus, die in Frankreich eigentlich erst in den 80er Jahren rezipiert wurden,[32] sondern der durch den autobiographischen Bericht Alexander Solschenizyns ausgelöste sog. „Gulag-Schock".[33] Er führte dazu, daß der Kommunismus immer heftiger kritisiert wurde. Den Anfang machte der damals noch als links geltende André Glucksmann, der ein Buch über die „Beziehung zwischen Staat, Marxismus und Konzentrationslager" veröffentlichte,[34] durch das Glucksmann selber bekannt und die Kommunismuskritik modisch wurde.[35]

Ganz auf dieser für Frankreich neuen antikommunistischen Welle schwamm dann Jean-François Revel, der den Linken in den westli-

[31] Dies begründete er mit der folgenden Bemerkung: „Wenn man nicht die Gewalt der Diskussion und den Krieg dem Frieden vorzieht, ist ein konstitutionelles Regime als solches einem Einparteien-Regime vorzuziehen" (ebenda S. 256).

[32] Guy Hermet/Pierre Hassner/Jacques Rupnik (Hrsg.), Totalitarismes, Paris 1984. Siehe vor allem Guy Hermets Beitrag über „Passé et présent: Des régimes fasciste et nazi au système communiste, in: ebenda S. 133–156, der jedoch im wesentlichen nur die Ursprünge und die klassischen Versionen der Totalitarismustheorie und einige empirische Forschungsergebnisse über einige faschistische und kommunistische Regime referiert, ohne dabei zu wirklich neuen und eigenständigen Bewertungen zu gelangen.

[33] Alexander Solschenizyn, Der Archipel Gulag, Bern 1974.

[34] André Glucksmann, Köchin und Menschenfresser. Über die Beziehung zwischen Staat, Marxismus und Konzentrationslager, Berlin 1976.

[35] 1991 veröffentlichte Glucksmann ein Buch, in dem er das „falsche Denken", das für die „katastrophalen" Handlungen des 20. Jahrhunderts verantwortlich gewesen sein soll, auf die „klassischen Morallehrer" und „Aufklärungsdenker" zurückführt: André Glucksmann, Am Ende des Tunnels. Das falsche Denken ging dem katastrophalen Handeln voraus. Eine Bilanz des 20. Jahrhunderts, Berlin 1991.

chen Ländern generell vorwarf, der „totalitären Versuchung" erlegen gewesen zu sein, weil sie Grausamkeiten der kommunistischen Regime ständig verharmlost hätten.[36] Dies führte er in einer geradezu vulgärpsychologischen Manier auf gewisse sadomasochistische Neigungen dieser Linken zurück, die ein „uneingestandenes Verlangen" hätten, „im stalinistischen System zu leben", entweder um ihre „Neigung zu befriedigen, Gewaltherrschaft auszuüben", oder um ihr „Bedürfnis" zu stillen, „sich der Knechtschaft zu unterwerfen".[37]

Verbunden waren Revels fast hysterisch wirkenden Warnungen vor dem Kommunismus, der bei einer Fortführung der westlichen Entspannungspolitik unweigerlich siegen werde,[38] mit einer mehr als bemerkenswerten Verharmlosung der faschistischen Parteien und Regime in Gegenwart und Vergangenheit. Meinte Revel doch, daß die faschistischen Regime auf dem Boden der Demokratie entstanden seien und danach strebten, „die Zivilisation, der sie sich entgegenstellten", zu „verraten".[39] Damit wird er dem deutschen Faschismus in keiner Weise gerecht, denn in Auschwitz wurde die „Zivilisation" nicht nur „verraten", Auschwitz stellte einen nie dagewesenen Zivilisationsbruch dar. Doch Auschwitz und der nationalsozialistische Rassenmord kommen bei Revel nur am Rande vor. Gleichwohl meinen Backes und Jesse, daß Revel eine „scharfsinnige", doch „oft unhistorische Analyse" erstellt habe.[40] Bosshart zählt Revel gar zu den „derzeit wichtigsten französischen Philosophen."[41]

Große Beachtung und ebenso große Zustimmung sowohl in Deutschland wie in Frankreich hat auch François Furets Buch „Das Ende der Illusionen. Der Kommunismus im 20. Jahrhundert" erfahren.[42] In Frankreich ist dies vielleicht verständlich, weil hier die Konversion eines ehemaligen Linken wie Furet, der nach eigenen Angaben zwischen 1949 und 1956 sogar Mitglied der Kommunistischen Partei Frankreichs gewesen ist,[43] aus den schon erwähnten Gründen immer

[36] Jean-François Revel, Die totalitäre Versuchung, Berlin 1976.

[37] Ebenda S. 22.

[38] Diese Ansicht vertrat er in einem Buch, das genau 6 Jahre vor dem Zusammenbruch des Kommunismus erschien: Jean-François Revel, So enden die Demokratien, München 1984.

[39] Revel, Totalitäre Versuchung, S. 258.

[40] Backes/Jesse, Totalitarismus–Extremismus–Terrorismus, S. 96.

[41] Bosshart, Politische Intellektualität, S. 223.

[42] François Furet, Das Ende der Illusion. Der Kommunismus im 20. Jahrhundert, München 1996.

[43] Ebenda S. 12.

noch Beachtung findet. Hinzu kommt, daß Furet ein sehr geachteter und bekannter Experte für die Französische Revolution ist.[44] Dagegen ist er, wie er selber freimütig zugibt, ein „Neuling auf dem Gebiet der Geschichte des 20. Jahrhunderts".[45] Und dies merkt man nicht zuletzt an den vielen sachlichen Fehlern, die sein Buch enthält.[46]

Furets Buch besteht aus drei Teilen: Einmal aus einem geistesgeschichtlich orientierten Abriß der Entwicklung des Kommunismus, der zweitens in der Tradition Arons mit einer Abrechnung mit den prokommunistischen Illusionen verschiedener, vornehmlich französischer Intellektueller verbunden ist, was schließlich drittens zu einem vehementen Plädoyer für die inzwischen auch in Frankreich nicht mehr verfemte Totalitarismustheorie führt.

Der erste Teil ist alles andere als originell. Basiert Furets Darstellung der Geschichte des Kommunismus doch auf den bekannten Standardwerken von Kolakowski über den Marxismus sowie von Conquest, Fainsold, Malia, Pipes und Schapiro über den Aufstieg und Untergang des Kommunismus vornehmlich in Rußland.[47]

Auch die Kritik an der prokommunistischen Einstellung vieler französischer Intellektueller ist nicht neu und zudem auch keineswegs tiefschürfend. Neu, aber keineswegs überzeugend ist, daß er auch den „Antifaschismus" als rein kommunistisches Ideologieprodukt bezeichnet, das wesentlich für die „Anziehungskraft des Kommunismus

[44] Aufsehen erregte er vor allem mit dem Buch über „Penser de la Révolution Française", Paris 1978 (dt. Übersetzung unter dem Titel: Vom Ereignis zum Gegenstand der Geschichtswissenschaft, Frankfurt/M. 1980), in dem er nicht nur den Slogan prägte „La Révolution française est terminée", sondern zugleich auf die vermeintlich totalitären Gehalte der Französischen Revolution hinwies, was jedoch von Michel Vovelle und anderen scharf zurückgewiesen wurde.

[45] Ebenda S. 627.

[46] Dies gilt nicht nur für die falsche Datierung der Schlacht von Stalingrad auf das „Frühjahr 1945" (S. 441), die Charakterisierung des Putschisten und Generallandschaftsdirektors Wolfgang Kapp als „nationalistischen Journalisten Wolfgang Kapp" (S. 642) und ähnliche sachliche Fehler dieser Art, sondern auch für die falsche Darstellung von Ereignissen vor allem der deutschen Geschichte. So wird der sog. Hamburger Aufstand der KPD vom Oktober 1923 ebenso maßlos überschätzt (vgl. S. 179) wie die sog. Schlageter-Rede Radeks (S. 241) und der angebliche Röhm-Putsch (S. 263), der dann sofort mit den Stalinschen Säuberungen verglichen wird, um aus der nationalsozialistischen „Machtergreifung" eine „nationalsozialistische Revolution" (S. 262) machen zu können.

[47] Diese Autoren werden im Kap. 7 näher besprochen.

der Nachkriegszeit" verantwortlich gewesen sei und zugleich die „Kontinuität des totalitären Regimes" in der Sowjetunion gewährleistet habe.[48] Diese Desavouierung des Antifaschismus, der in Wirklichkeit parteienübergreifend und über weite Strecken auch unabhängig war, findet fast ständig statt und ist ebenso falsch wie deplaciert.

Besonders kritikwürdig ist die von ihm favorisierte Totalitarismustheorie, weil sie nicht auf einem Vergleich, sondern auf einer weitgehenden Gleichsetzung von Faschismus/Nationalsozialismus und Bolschewismus basiert. Wenn er dann noch behauptet, daß der Faschismus eigentlich nur eine „Reaktion auf den Kommunismus" gewesen sei,[49] dann erinnert dies sehr an die Thesen Ernst Noltes, was Furet auch gar nicht bestreitet.[50] Er lobt Nolte statt dessen ausdrücklich, weil dieser das (niemals und nirgendwo existierende!) „Verbot eines Vergleichs von Kommunismus und Nazismus durchbrochen" und bewiesen habe, daß „Hitlers Machtübernahme durch den vorangehenden Sieg des Bolschewismus und durch das Gegenbeispiel der puren Gewalt, die Lenin zum Regierungssystem erhoben hat, bedingt" gewesen sei.[51]

Beide Thesen sind m. E. falsch. Dies gilt sowohl für die von der Identität wie die von der Kausalität von Faschismus und Kommunismus.[52] Kritikwürdig ist ferner Furets Gleichsetzung des nationalsozialistischen Rassenmordes mit dem kommunistischen ‚Klassenmord': „Stalin bringt im Namen des Kampfes gegen das Bürgertum Millionen von Menschen um, Hitler rottet im Namen der Reinheit der arischen Rasse Millionen von Juden aus."[53] Dieser Satz provoziert verschiedene Fragen: Einmal die nach den Gründen, warum Hitler „Millionen von Juden" ausrottete. Furet weiß darauf keine zufriedenstellende Antwort. Reduziert er doch den nationalsozialistischen Antisemitismus auf seine Funktion, wenn er meint, daß „der Jude (...) die Inkarnation der beiden Feinde des Nationalsozialismus, des Bürgers und des Bolschewiks", gewesen sei.[54]

[48] Ebenda S. 445 u. 437.

[49] Ebenda S. 40: „Der Faschismus ist aus einer antikommunistischen Reaktion entstanden."

[50] Ebenda S. 232: „In dieser Hinsicht kann man den Faschismus als ‚Reaktion' auf den Kommunismus untersuchen, und Ernst Noltes These würde sich bewahrheiten."

[51] Ebenda S. 649 f.

[52] Mehr zu dieser Nolteschen These in Kap. 8. „Vom Historikerstreit zur Renaissance der Totalitarismustheorie".

[53] Ebenda S. 45 f.

[54] Ebenda S. 247.

Nein! Die Juden wurden als Juden und nicht als „Inkarnation“ von irgend etwas anderem ermordet. Außerdem wurden „im Namen der Reinheit der arischen Rasse“ keineswegs nur Juden ermordet. Doch diese anderen Opfer des nationalsozialistischen Rassismus erwähnt Furet nicht. Die Beschreibung des Holocaust ist ihm nur knapp drei Seiten wert,[55] wobei Auschwitz und die übrigen Vernichtungslager noch nicht einmal erwähnt werden, wohl aber der „erzwungene Exodus von zwölf bis fünfzehn Millionen Deutschen gegen Westen“.[56] Angesichts der Millionen von Opfern, die der nationalsozialistische Rassen- und Vernichtungskrieg gegen die Sowjetunion gefordert hat, kann ich schließlich den folgenden Satz nur als zynisch empfinden: „Durch den Überfall vom 22. Juni 1941 aber wird der Henker zum Opfer.“[57]

Furet hat ganz offensichtlich weder begriffen, „was es mit der geschichtswissenschaftlichen Diskussion auf sich hatte, die in der Literatur über den Nationalsozialismus zwischen den Befürwortern einer ‚intentionalistischen‘ und denen einer ‚funktionalistischen‘ Interpretation der Ereignisse die Gemüter erregte“.[58] Ihm fehlt auch jegliches Verständnis für die Gründe und Motive der Diskussion über die Singularität des Holocaust und der deutschen „Schuld“, die nur deshalb geführt worden sei, weil „den Deutschen kein anderer Ausweg aus dem Krieg als die ideologische Buße“ geblieben sei.[59] Furet scheint völlig entgangen zu sein, daß die Diskussion gerade von jüngeren Angehörigen der „deutschen Täternation“ (Saul Friedländer) über die Schuldfrage von ethischen und religiösen Aspekten und Prinzipien geprägt war, die keineswegs nur vorgetäuscht, sondern echt waren. Für die Frage, was der Holocaust für die Juden bedeutete und immer noch bedeutet, hat sich Furet überhaupt nicht interessiert. Damit steht er nicht allein dar.

Im Mittelpunkt des Diskurses der französischen Intellektuellen, und zwar keineswegs nur der „neuen Philosophen“ steht nicht

[55] Ebenda S. 429f., wo er den Madagaskar-Plan als „Gedanken an ein afrikanisches Asyl“ bezeichnet, S. 535 und S. 595, wo es widersprüchlich heißt: „Doch die Besonderheit des jüdischen Völkermordes kann nicht über die Gemeinsamkeiten der beiden Herrschaftssysteme hinwegtäuschen, die es sowohl in bezug auf die jeweiligen Machtphilosophien als auch auf die Negation der Freiheit gibt.“

[56] Ebenda S. 447.

[57] Ebenda S. 431.

[58] Ebenda S. 248.

[59] Ebenda S. 464.

Auschwitz, sondern der Archipel Gulag. Nicht der Holocaust, sondern der Totalitarismus scheint für sie das Kennzeichen der Epoche zu sein.[60] Die Frage ist jedoch, ob „das Phänomen des Totalitarismus" damit in Frankreich „jenen allgemein akzeptierten Stellenwert erreicht, den es längst hätte haben müssen,"[61] zumal der „Sowjettotalitarismus (für) ungleich bedeutsamer (gehalten wird) als der Faschismus".[62]

Dies ist keine französische Besonderheit. Im nächsten Kapitel wird gezeigt, daß dies auch in den USA von verschiedenen Historikern so gesehen wird, obwohl in Amerika die Erinnerung an den Holocaust übermächtig und fast allgegenwärtig zu sein scheint. Davon zeugen nicht zuletzt die (weder in Frankreich noch bei uns vorhandenen) Holocaust-Museen und die „Holocaust studies", die es inzwischen an fast allen amerikanischen Universitäten gibt.

[60] Zu diesem Ergebnis gelangt auch David Bosshart in einem neuen, wiederum sehr gedrängten und kompliziert formulierten Aufsatz. Vgl.: David Bosshart, Die französische Totalitarismusdiskussion, in: Beilage „Bulletin 1995" zur Zeitschrift Mittelweg 36, 2, 1993, S. 72–80; abgedruckt bei: Jesse (Hrsg.), Totalitarismus im 20. Jahrhundert, S. 251–260. Bosshart weist in diesem Zusammenhang noch auf einige neuere Arbeiten von Cornelius Costoriadis, Claude Lefort, Alain Minc, Edgar Morin, Kosta Papaioannour, Léon Poliakov, Claude Polin und anderen hin, die hier nicht mehr besprochen werden können. Zu der von Jean-Claude Casanova, Yves Cuau, Pierre Hassner und Léon Poliakov aufgeworfenen Frage nach der Existenz eines „Post-Totalitarismus" oder „neuen Totalitarismus" vgl. unten Kap. 8.

[61] Ebenda S. 252.

[62] Ebenda S. 257.

7. „REVISIONISMUS“ UND ‚NEO-TRADITIONALISMUS‘ IN AMERIKA

In Amerika sind nicht nur die wichtigsten und einflußreichsten Totalitarismustheorien entwickelt worden, hier lebten und arbeiteten auch die weltweit besten Kommunismusforscher. Die Nationalsozialismusforschung wurde sogar in den USA begründet. Gemeint sind die schon erwähnten ‚klassischen‘ Studien von Ernst Fraenkel und Franz Neumann. Neben Emigranten wie Fraenkel und Neumann haben sich dann vor allem Überlebende des Holocaust mit der Geschichte des Nationalsozialismus beschäftigt, wobei ein besonderer Schwerpunkt auf die Erforschung der Ursachen und des Verlaufs der nationalsozialistischen „Endlösung der Judenfrage“ gelegt wurde. Auch wenn dies in Deutschland nicht gern gesehen wird: Die Nationalsozialismus- und noch mehr die Holocaustforschung sind keine Domänen der deutschen, sondern der amerikanischen Geschichtswissenschaft. Die wirklich grundlegenden und wegweisenden Werke zur Geschichte des Nationalsozialismus und zum Holocaust sind von amerikanischen Historikern wie Richard Breitman, Christopher Browning, Thomas Childers, Lucy Dawidowicz, Henry Friedlander, Raul Hilberg, Robert Koehl, Robert Lifton, George Mosse, Dietrich Orlow, Karl Schleunes, Henry Turner, Gerhard Weinberg und vielen anderen, zu denen jetzt auch Daniel Goldhagen zu zählen ist,[1] verfaßt worden.[2]

Genau wie die deutschen haben die amerikanischen NS- und Holocaustforscher zwar auf einen Vergleich mit der Geschichte der „totalitären“ Sowjetunion verzichtet, sich aber, von ganz wenigen Ausnahmen abgesehen,[3] nicht an der Kritik der Totalitarismustheorie be-

[1] Daniel Jonah Goldhagen, Hitlers willige Vollstrecker. Ganz gewöhnliche Deutsche und der Holocaust, Berlin 1996. Vgl. dazu: Wolfgang Wippermann, Wessen Schuld? Vom Historikerstreit zur Goldhagen-Kontroverse, Berlin 1997, S. 98 ff.

[2] Eine ähnliche Bedeutung haben jedoch auch englische Historiker wie Alan Bullock, Michael Burleigh, Richard Evans, Ian Kershaw, Jeremy Noakes und andere.

[3] Zu den Ausnahmen gehört Goldhagen, der das Totalitarismusmodell schlicht als „grundfalsch“ bezeichnet. Vgl.: Goldhagen, Hitlers willige Vollstrecker, S. 559.

teiligt. Dies ist deshalb so erstaunlich, weil alle Totalitarismustheorien ja die Singularität des Holocaust leugnen.[4] Der Vergleich der Verbrechen Stalins und Hitlers kann sogar zu einer „strukturellen Relativierung“[5] des Holocaust führen. Der aus Deutschland stammende amerikanische Historiker Peter Gay hat in diesem Zusammenhang von einer „Trivialisierung durch Vergleich“ gesprochen.[6] Allerdings meinte er damit nicht die ‚klassischen‘ Totalitarismustheorien, sondern die neueren Publikationen Ernst Noltes, in denen das Totalitarismuskonzept, das noch in seinen Faschismus-Büchern kritisiert worden war, rehabilitiert und radikalisiert wurde.[7]

Die Kritik an der Totalitarismustheorie wurde in Amerika von Historikern vorgetragen, die als „Revisionisten“ bezeichnet werden, was nicht mit den Auschwitzleugnern zu verwechseln ist, die sich ebenfalls als „Revisionisten“ ausgeben, um ihren widerlichen Lügen einen ‚wissenschaftlichen‘ Anstrich zu geben.[8] Bemerkenswerterweise sind die erstgenannten „Revisionisten“ weder Experten der Geschichte des Nationalsozialismus noch des Kommunismus.[9] Statt dessen handelt es sich um Historiker, die sich mit der amerikanischen Zeitgeschichte in der Phase des Kalten Krieges beschäftigt haben. Dabei interessierten sie sich vor allem für die Frage, weshalb es zum Kalten Krieg gekommen ist.

In den 40er und 50er Jahre war dies keine Frage. Damals herrschte

[4] Dies ist jedoch während des „Historikerstreits“ kaum angesprochen worden. Dazu meine Kritik: Wippermann, Wessen Schuld?, S. 10ff.

[5] Der Begriff stammt von: Imanuel Geiss, Hysterikerstreit, Bonn 1992, S. 120, der dies jedoch ausdrücklich in Kauf nimmt.

[6] Peter Gay, Freud, Juden und andere Deutsche. Herren und Opfer in der modernen Kultur, München 1989, S. 14ff.

[7] Vgl. dazu unten Kap. 8, S. 96ff.

[8] Weiterführende Hinweise in: Brigitte Bailer-Galanda/Wolfgang Benz/Wolfgang Neugebauer (Hrsg.), Die Auschwitzleugner. „Revisionistische“ Geschichtslüge und historische Wahrheit, Berlin 1996. Im heutigen Sprachgebrauch versteht man unter „Revisionisten“ fast ausschließlich diejenigen, die Auschwitz leugnen und generell das Dritte Reich verharmlosen. Zur letztgenannten Tendenz: Wolfgang Wippermann, „Revisionismus light“. Die Modernisierung und „vergleichende Verharmlosung“ des „Dritten Reiches“, in: ebenda, S. 237–251.

[9] Zum Folgenden die Literaturübersichten von: Werner Link, Die amerikanische Außenpolitik aus revisionistischer Sicht, in: NPL 16, 1971, S. 205–220; und: Ernst Nolte, Kalter Krieg und deutsche Ostpolitik, in: NPL 20, 1975, S. 308–338 u. 448–490. Ferner: Christoph Kleßmann, Die doppelte Staatsgründung. Deutsche Geschichte 1945–1955, Göttingen 1982, S. 177.

in der amerikanischen Zeitgeschichte eindeutig die Meinung vor, daß die Sowjetunion allein für den Ausbruch des Kalten Krieges verantwortlich gewesen sei.[10] Die „totalitäre“ Sowjetunion habe nicht nur im Innern alle tatsächlichen oder auch nur potentiellen Gegner unterdrückt und grausam ausgerottet, sondern darüber hinaus auch eine äußerst expansive, zugleich machtpolitisch und ideologisch motivierte Außenpolitik betrieben, deren Ziel die Herrschaft über ganz Europa, ja vielleicht sogar die ganze Welt gewesen sei.[11] Die USA seien gezwungen gewesen, der sowjetischen Expansion mit einer Politik der „Eindämmung“ (containment) zu begegnen, wie dies der außenpolitische Berater Präsident Trumans, George Kennan, 1947 in seinem berühmten mit „X“ gekennzeichenten Artikel gefordert hatte.[12]

Gegen diese Sicht der, wie sie bald genannt wurden, „Traditionalisten“ wandten sich seit den 60er Jahren die „Revisionisten“. Den Anfang machte der amerikanische Wirtschaftshistoriker William Appleman Williams.[13] Er beschuldigte die USA, ökonomischen Druck auf die Sowjetunion ausgeübt zu haben, die noch von dem nationalsozialistischen Vernichtungskrieg schwer gezeichnet gewesen sei. Damit meinte Williams die amerikanische Forderung nach der Errichtung eines weltweiten Freihandelssystems, in das auch die Sowjetunion einbezogen werden sollte. Dies habe die Sowjetunion ablehnen müssen, weil sie durch eine derartige „open-door-policy“ vom übermächtigen amerikanischen Kapital ökonomisch unterwandert und schließlich beherrscht worden wäre. Deshalb habe die Sowjetunion auch ihre Satellitenstaaten gezwungen, die angebotenen Gelder des Marshallplans abzulehnen, weil die Gewährung dieser Kredite an die wirtschaftliche Öffnung der Grenzen und die Einführung eines Freihandelssystems gebunden war.

Im Anschluß an Williams haben Historiker wie Gar Alperowitz, David Horowitz, Gabriel Kolko, Denna F. Fleming und andere die USA darüber hinaus beschuldigt, ihr Atomwaffenmonopol, das sie

[10] Repräsentativ für diese Sicht: John Lukacs, A History of the Cold War, Garden City 1961 (dt.: Geschichte des Kalten Krieges, Gütersloh 1962).

[11] Diese außenpolitische Zielsetzung wurde übrigens in dem Totalitarismusmodell von Friedrich und Brzezinski nur am Rande erwähnt, obwohl es in diesem Bereich in der Tat Vergleichsmöglichkeiten zwischen dem Dritten Reich und der Sowjetunion gibt.

[12] X (= George Kennan), The Sources of Soviet Conduct, in: Foreign Affairs 25, 1947, S. 567–582

[13] William A. Williams, The Tragedy of American Diplomacy, New York 1959.

bis 1949 innehatten, ausgenützt zu haben, um die Sowjetunion mit einer derartigen „big-stick-policy" zum Nachgeben zu zwingen.[14] Andere Revisionisten geißelten schließlich die Versuche der USA, die antikolonialen und antiimperialistischen Befreiungsbewegungen in der Dritten Welt gewaltsam unterdrückt zu haben.[15] Diese Debatte konzentrierte sich dann sehr bald auf die Rolle Amerikas im Vietnamkrieg, was mehr mit Moral als mit Politik zu tun hatte und insgesamt von der Frage nach den Ursachen des Kalten Krieges wegführte.

Verständlicherweise wurden diese Thesen von „traditionalistischen" Historikern wie Desmond Donnelly, Adam Ulam, Louis Halle und anderen scharf kritisiert.[16] Wie häufig bei historiographischen Kontroversen kam es zu einer gewissen Verhärtung der Positionen, die, wie der deutsche Historiker Wilfried Loth gezeigt hat, überwindbar ist, weil der Weg zum Kalten Krieg auf einem Prozeß wechselseitiger Fehleinschätzungen basierte und zu einer „reaktiven Mechanik" führte.[17] Doch auf weitere Einzelheiten der Kalte-Kriegs-Kontroverse soll hier nicht weiter eingegangen werden, weil sie von unserem Thema wegführt.

Unser Thema ist die Totalitarismustheorie, die von den Revisionisten direkt und indirekt in Frage gestellt wurde, was den Altmeister der amerikanischen Sowjetologie[18] und Verfasser eines grundlegenden Werkes über die „Ursprünge der kommunistischen Autokratie",[19] Leonard Schapiro, veranlaßte, 1972 ein neues Buch über den „Totalitarismus" zu veröffentlichen. In dem begnügte er sich aber im wesent-

[14] Gar Alperovitz, Atomic Diplomacy: Hiroshima and Potsdam. The Use of the Atomic Bomb and the American Confrontation with Soviet Power, New York 1965; David Horowitz, The Free World Colossus. A Critique of American Foreign Policy in the Cold War, New York 1965; Gabriel Kolko, The Politics of War. The World and United States Policy 1943–1945, New York 1968; Denna F. Fleming, The Cold War and its Origins, Garden City 1961.

[15] Richard J. Barnett, Intervention and Revolution. America's Confrontation with Insurgent Movements around the World, Cleveland 1968.

[16] Desmond Donnelly, Struggle for the World. The Cold War from its Origins in 1917, London 1965; Adam B. Ulam, Expansion and Coexistence. The History of Soviet Foreign Policy 1917–1967, New York 1968; Louis J. Halle, The Cold War as History, New York 1967.

[17] Wilfried Loth, Die Teilung der Welt 1941–1945, München 1980, 5. Aufl. 1992.

[18] Ich übernehme hier und im folgenden den amerikanischen Sprachgebrauch, wo der Begriff „Sowjetologie" vielfach und wertfrei verwandt wird.

[19] Leonard Schapiro, The Origins of the Communist Autocracy, Cambridge 1954.

lichen damit, das alte Totalitarismusmodell von Friedrich und Brzezinski gegen die inzwischen auch in Amerika laut gewordene Kritik zu verteidigen.[20] Dies ist ihm jedoch nicht ganz gelungen. Auch Schapiro übersah, daß es zwischen den beiden „totalitären“ Regimen grundsätzliche Unterschiede gab. Das gilt einmal für die ökonomischen und politischen Voraussetzungen: Das Dritte Reich entstand in einer hochindustrialisierten und zugleich demokratisierten Gesellschaft; das bolschewistische Regime wurde dagegen in einem noch weitgehend agrarischen und bis zur Februarrevolution von 1917 autoritär regierten Staat errichtet. Beide Regime waren zudem unterschiedlich aufgebaut und verfolgten fast diametral entgegengesetzte ideologische Ziele. Unübersehbar sind schließlich die politischen Beweggründe, die Schapiro – übrigens ähnlich wie Karl Dietrich Bracher – veranlaßten, vehement für die Beibehaltung der Totalitarismustheorie zu plädieren.

Derartige politischen Befürchtungen waren auch im amerikanischen Kontext berechtigt, denn in der Nachfolge der erwähnten Revisionisten publizierten überwiegend jüngere und sozialhistorisch[21] orientierte amerikanische Historiker Bücher über die Geschichte der Sowjetunion, in denen sie ein bemerkenswertes Verständnis für die Notwendigkeit der bolschewistischen Revolution und die wirtschafts- und sozialpolitischen Leistungen der Sowjetunion unter Lenin und selbst Stalin zeigten. Sie malten das Bild einer Gesellschaft, das einen eher ‚nomalen‘ als „totalitären“ Eindruck machte.[22]

Nachdem einer dieser jüngeren revisionistischen Historiker selbst Stalins Terrorpolitik relativierte, weil das Land unter Stalin modernisiert und der Diktator selber von der Bevölkerung verehrt worden sei,[23] war es mit der Geduld der „Traditionalisten“ unter den Sowjeto-

[20] Leonard Schapiro, Totalitarianism, London 1972.

[21] Wie im folgenden näher ausgeführt wird, spielte neben den politischen Motiven auch die unterschiedliche methodologische Ausrichtung eine Rolle, weil die ‚alten‘ und ‚neuen‘ Traditionalisten überwiegend politikgeschichtliche Methoden anwandten.

[22] Zu nennen sind: Leon Haimson, The Politics of Rural Russia (1905–1914), Bloomington 1979; Moshe Lewin, The Making of the Soviet System, New York 1985; Alexander Rabinovitch, The Bolsheviks Came to Power, New York 1976; Stephen F. Cohen, Bukharin and the Bolshevik Revolution. A Political Biography, 1888–1938, New York 1973; Sheila Fitzpatrick, The Russian Revolution, Oxford 1982; Jerry Hough, The Soviet Union and Social Science Theory, Cambridge 1977; Stephen Cohen, Rethinking the Soviet Experience, Oxford 1985. Vgl. dazu unten S. 91 die Kritik Malias.

[23] Arch Getty, Origins of the Great Purges, Cambridge 1985.

logen endgültig vorbei. Unterstützt von der Reagan-Regierung, die die Zahl der ohnehin schon zahlreichen Lehrstühle für Sowjetologie noch einmal erhöhte, gingen sie zum Gegenangriff über.[24]

Robert Conquest, der bereits 1968 mit einer großangelegten Studie über die stalinistischen Säuberungen hervorgetreten war,[25] veröffentlichte 1986 mit finanzieller Unterstützung einer rechtsgerichteten ukrainischen Emigrantenorganisation[26] ein Buch über die Folgen der Kollektivierung in der Ukraine, in der er die Zahl der Opfer auf etwa sechs Millionen schätzte, weshalb er in diesem Zusammenhang dann auch den Terminus Holocaust verwandte.[27] Der Ullstein Verlag, der Conquests Buch 1988 in deutscher Übersetzung herausbrachte, fand diese Idee offensichtlich so gut, daß er den auf den Judenmord fixierten Begriff gleich in den Untertitel aufnahm: „Ernte des Todes. Sowjetischer Holocaust in der Ukraine, 1929–1933“.[28]

Der Vergleich zwischen der Hungersnot in der Ukraine und dem Holocaust am jüdischen Volk wurde scharf kritisiert[29] und rief in Amerika so etwas wie einen „Historikerstreit“[30] hervor, wovon dieses Land bisher verschont geblieben war. Als ob sie bei ihren notorisch streitsüchtigen deutschen Kollegen in die Schule gegangen wären, ver-

[24] Vgl. zum Folgenden: Walter Laqueur, The Fate of the Revolution. Interpretations of Soviet History from 1917 to the present, revisited and updated, New York 1987; Alfred G. Meyer, Observations on the Travails of Sovietology, in: Post-Soviet Affairs 10, 1994, S. 191–195; Dominic Lieven, Western Scholarship on the Rise and Fall of the Soviet Regime: The View from 1993, in: Journal of Contemporary History 29, 1994, S. 195–227.

[25] Robert Conquest, The Great Terror, London 1968 (dt. Übersetzung: Der große Terror, München 1992).

[26] Nach: Jeff Coplon, In Search of the Soviet Holocaust. 55-Year-Old Famine Feeds the Right, in: Village Voice, 12. Januar 1988.

[27] Robert Conquest, Harvest of Sorrow. Soviet Collectivization and the Terror Famine, Oxford 1986.

[28] Robert Conquest, Ernte des Todes. Sowjetischer Holocaust in der Ukraine, Berlin 1992.

[29] Teilweise geschah dies auch mit durchaus problematischen Argumenten. So, wenn Jeff Coplon meinte, daß die Hungersnot in der Ukraine kein Genozid war, und etwas zynisch darauf hinwies, daß diese Hungersnot vor mehr als 55 Jahren ‚Zucker für die Rechten‘ sei („a 55-year-old famine feeds the Right). Coplon, In Search of a Soviet holocaust.

[30] Zum deutschen „Historikerstreit“: Hans-Ulrich Wehler, Entsorgung der deutschen Vergangenheit? Ein polemischer Essay zum „Historikerstreit“, München 1988; Richard Evans, Im Schatten Hitlers? Historikerstreit und Vergangenheitsbewältigung in der Bundesrepublik, Frankfurt/M. 1991.

öffentlichten Robert Conquest, Martin Malia, William Odom, Richard Pipes und Peter Rutland im Frühjahr 1993 eine Kampfschrift, in der sie mit den „Sünden der Wissenschaftler“, womit die Revisionisten gemeint waren, überaus scharf ins Gericht gingen.[31]

Sofern diese, wie man sie bezeichnen könnte, ‚Neo-Traditionalisten‘ damit die Überschätzung der Modernität und Stabilität und die Relativierung des terroristischen Charakters der Sowjetunion durch einige (keineswegs alle) Revisionisten meinten, ist ihnen zuzustimmen. Problematisch und ungerecht war jedoch ihr Vorwurf, die Revisionisten hätten den Untergang der Sowjetunion nicht vorhergesagt. Wer hat dies schon getan? Wer hat allen Ernstes geglaubt, daß sich der sowjetische Regimekritiker Andrej Amalrik nur um sieben Jahre verrechnete, als er 1970 prophezeite, daß die Sowjetunion das Jahr 1984 nicht erleben würde.[32]

Problematisch finde ich auch die These, daß die Ursachen des Zusammenbruchs der Sowjetunion in der „Essenz“ des sowjetischen Regimes liege, das seit seiner illegitimen Gründung „unwandelbar“ und „unreformierbar“ gewesen sei.[33] Schlicht falsch ist die Behauptung, daß die ‚klassischen‘ Totalitarismustheorien durch den Untergang der Sowjetunion bestätigt worden seien. Der „strange death of Soviet communism“ ist doch gerade ein Beweis, daß die Sowjetunion unter Gorbatschow entweder gar nicht oder zumindest nicht so „totalitär“ gewesen ist, wie es das Dritte Reich bis zum Schluß war. Die Vorstellung, daß es irgendwann nach dem Tode Hitlers zu einer Reform (perestrojka) oder Öffnung (glasnost) des nationalsozialistischen Staates gekommen wäre, halte ich ebenso für undenkbar wie die Annahme, daß das Dritte Reich ‚einfach so‘ und ohne große Fremdeinwirkung hätte zusammenbrechen können. Nein, dies war offensichtlich nur nach einem Weltkrieg möglich, der Millionen von Menschenleben gekostet hat. Eine andere Frage ist, ob das sowjetische System im Gorbatschowschen Sinne reformierbar gewesen ist.

Diese Kritik soll zunächst an dem voluminösen, fast 3 000 Seiten umfassenden Werk des bekannten Sowjetologen Richard Pipes verdeutlicht werden.[34] Auch Pipes kritisierte die Thesen der Revisioni-

[31] The Strange Death of Soviet Communism. An Autopsy, in: The National Interest Nr. 31. Spring 1993.

[32] Andrej Amalrik, Kann die Sowjetunion das Jahr 1984 erleben?, Zürich 1970.

[33] Vgl.: Alexander Dallin, Causes of the Collapse of the UdSSR, in: Post-Soviet Affairs 8, 1992, S. 279–302, der diese ‚Neo-Traditionalisten’ daher auch als „Essentialisten“ bezeichnet.

[34] Richard Pipes, Die Russische Revolution, Bd. 1: Der Zerfall des Zaren-

sten,[35] wies auf die „Unvermeidlichkeit des Scheiterns des Kommunismus“ hin[36] und betonte vor allem die „Kosten der Revolution an Menschenleben“, wobei er die Gesamtzahl derjenigen, die „unmittelbar oder mittelbar durch die Russische Revolution den Tod gefunden haben, auf 25 bis 26 Millionen“ schätzte.[37] Diesen Opfern hat Pipes sein Werk gewidmet, was er an mehreren Stellen mit der Notwendigkeit begründet, Geschichte auch unter moralischen Gesichtspunkten zu bewerten.[38] Darauf kann hier ebenso wenig eingegangen werden wie auf die geradezu minutiöse Beschreibung der Ereignisse der Russischen Revolution selber.

In unserem Zusammenhang wichtig und interessant ist das Kapitel über „Kommunismus, Faschismus, Nationalsozialismus“, das ziemlich unvermittelt und auch nicht weiter begründet in die Darstellung des Geschichtsverlaufs eingefügt ist.[39] Hier plädiert er anhand der älteren Literatur für die Beibehaltung der alten Totalitarismustheorie. Faschismus bzw. Nationalsozialismus und Kommunismus hätten einmal einen „gemeinsamen Feind: die liberale Demokratie mit ihrem Mehrparteiensystem“.[40] Außerdem ähnelten sie sich im Hinblick auf die Struktur und Funktion der jeweiligen Partei und des Staates.[41] Daß dies von der neueren Kommunismus- und vor allem Nationalsozialismusforschung anders gesehen wird, scheint Pipes entweder nicht zu wissen, oder er will es einfach nicht zur Kenntnis nehmen. Völlig falsch wird es, wenn er dann unter anderem behauptet, daß die Gewerkschaften im „faschistischen Italien und im Hitlerdeutschland (…) trotz ihrer Überwachung durch die Partei (über) einen gewissen Grad an Einfluß und Autonomie“ verfügt hätten[42], während die deutsche „Großindustrie“ völlig vom Staat kontrolliert worden sei.[43]

reiches; Bd. 2: Die Macht der Bolschewiki; Bd. 3: Rußland unter dem neuen Regime, Reinbek 1992–93. Der dritte Band erschien übrigens noch vor der amerikanischen Originalfassung.

35 Bd. 3, S. 785 ff.

36 Ebenda S. 818 ff.

37 Ebenda S. 816.

38 Siehe die Einleitung in Bd. 1, S. 13 ff.; und Bd. 3, S. 821 ff.

39 Bd. 3, S. 391 ff.

40 Ebenda S. 426.

41 Ebenda S. 430.

42 Ebenda S. 445.

43 Ebenda S. 451.

Doch diese Irrtümer[44] sind noch nicht so wichtig. Bedeutsam und falsch zugleich ist Pipes zentrale These, daß es zwischen Kommunismus und Faschismus/Nationalsozialismus eine „Kausalbeziehung" gäbe, weil Mussolini und Hitler das kommunistische „Modell" bis ins Detail hinein imitiert hätten.[45] Diese These, die übrigens an die erinnert, die Ernst Nolte während des Historikerstreits vertreten hat,[46] kann nur dann aufrechterhalten werden, wenn man wie Pipes von der unterschiedlichen Qualität und Zielsetzung der Ideologien abstrahiert.[47] Nicht genug damit, wirft er Hannah Arendt vor, dem Antisemitismus eine „übertriebene Bedeutung" beigemessen zu haben.[48] Daher verwundert es nicht, daß Pipes in diesem Zusammenhang mit keinem Wort auf den Holocaust eingeht. Im gesamten dreibändigen Werk wird dieses Wort nur einmal erwähnt, und zwar im Zusammenhang mit der Beschreibung der Pogrome von 1918 bis 1921 im damaligen Rußland und der Ukraine, die nach Pipes „Vorspiel und (...) Generalprobe des Holocaust" gewesen sein sollen.[49] Auch diese Bemerkung ist problematisch: Die Pogrome von 1918ff. wurden von Ukrainern und Russen angezettelt und von den Kommandeuren der „weißen" Truppen toleriert. Der Holocaust dagegen war nach den Worten von Daniel Jonah Goldhagen ein „deutsches Projekt." Nur wenn man dies leugnet und vom Holocaust abstrahiert, kann man wirklich der Meinung sein, daß das bolschewistische Regime nicht nur der schlimmste, sondern auch der einzige wirklich „totalitäre Staat" gewesen ist.[50]

Diese These wird ganz offensichtlich auch von Martin Malia geteilt, der eine Gesamtgeschichte der Sowjetunion geschrieben hat, die 1994 in deutscher Übersetzung unter dem Titel „Vollstreckter Wahn" herausgekommen ist.[51] Malia war zu Beginn der 90er Jahre mit einigen Artikeln hervorgetreten, in denen er seine revisionistischen Widersa-

[44] Davon gibt es in Pipes Werk viele; z. B. die falsche Behauptung, daß sich die Mitglieder der NSDAP mit „Genosse" angeredet haben sollen. Vgl. ebenda S. 424.

[45] Ebenda S. 392.

[46] Vgl. dazu unten Kap. 8, S. 96ff.

[47] Vgl. auch ebenda S. 442, wo Pipes die falsche These vertritt, daß Hitler keinen programmatischen, sondern einen eher funktionalistischen Ideologiebegriff vertreten habe.

[48] Ebenda S. 393.

[49] Ebenda S. 188.

[50] Ebenda S. 444.

[51] Martin Malia, Vollstreckter Wahn. Rußland 1917–1991, Stuttgart 1994.

cher scharf kritisiert hatte.[52] Auch in diesem Buch geißelt er Autoren,[53] die unter Verwendung von sozialwissenschaftlichen Modernisierungstheorien[54] die sozialen Errungenschaften und „modernen“ Züge der Sowjetunion gelobt hatten. Mit besonderer Verve hat sich Malia jedoch gegen revisionistische Historiker gewandt, die wie Stephen Cohen in der Oktoberrevolution einen authentischen und in gewisser Weise auch berechtigten Proletarieraufstand gesehen hatten.

Malia unterstellt diesen Autoren ein „Engagement für die Ehre des Sozialismus“, das sie nur hinter ihrem „positivistischem Gebaren“ versteckt hätten.[55] Dagegen plädiert Malia für eine „Geschichte von oben“, wobei der „Blick erneut auf den totalitären Charakter des Systems zu lenken“ sei.[56] Dabei könne und müsse das Totalitarismusmodell von Friedrich und Brzezinski angewandt werden, weil es insgesamt richtig und fruchtbar sei. Den notwendigerweise statischen Charakter dieses Modells könne man vermeiden, wenn man unter Totalitarismus keine „statische“, sondern eine „historische und dynamische Kategorie“ verstehe.[57] Zu beginnen sei mit der Oktoberrevolution, denn hier sei der „genetische Code“ gelegt worden, der zur Ausbildung und zum schließlichen und ebenso notwendigen Untergang dieses „totalitären“ Regimes geführt habe, das Malia an einer Stelle als einen „Organismus“ bezeichnet.[58]

Die Verwendung der Begriffe „genetischer Code“ und „Organismus“ ist verräterisch und deutet darauf hin, daß Malia eine organizi-

[52] Martin Malia, To the Stalin Mausoleum, in: Daedalus 119, 1990, S. 295–344. Diesen Aufsatz hat Malia nach dem Vorbild des Kennanschen „X“-Artikels aus dem Jahre 1947 unter dem Pseudonym „Z“ geschrieben. Martin Malia, The Hunt for the True October, in: Commentary 92, 1991, S. 21–28; ders., From Under the Rubble, What?, in: Problems of Communism 41, 1992, S. 89–106; ders., Leninist Endgame, in: Daedalus 21, 1992, S. 57–75.

[53] Ebenda S. 25. Hier hat sich Malia vor allem auf die oben in Anm. 22 erwähnte Arbeit von Sheila Fitzpatrick konzentriert.

[54] Derartige Theorien erfreuen sich in der deutschen Geschichtswissenschaft nach wie vor großer Beliebtheit und werden unter anderem auch auf das Dritte Reich angewandt, was teilweise zu einer weitgehenden Relativierung der rassistischen und terroristischen Züge dieses Regimes führt. Vgl. dazu die Kritik in: Wippermann, Wessen Schuld?, S. 80 ff.

[55] Malia, Vollstreckter Wahn, S. 30.

[56] Ebenda S. 31.

[57] Ebenda.

[58] Ebenda S. 31. Vgl. auch Malia, From Under the Rubble, What?, S. 103, wo Malia sagt: „The genetic code born of the October overturn of 1917 at last worked itself out fully, that is, to the extinction of the organism.“

sitische Geschichtsauffassung vertritt. Die Geschichte der Sowjetunion wird hier mit einem Lebewesen verglichen, das wegen gewisser angeborener Mängel mit Notwendigkeit sterben und untergehen mußte. Dies ist nichts anderes als ein unhistorischer Determinismus, der von Malia jedoch durch einen ausführlichen ideengeschichtlichen Exkurs über die Geschichte des „Sozialismus“ verdeckt wird.[59] Unter Vernachlässigung aller übrigen libertären und demokratischen Strömungen des Sozialismus, wie sie etwa in der Geschichte der SPD zu finden sind, schlägt Malia einen ideengeschichtlichen Bogen vom „Sozialismus“ von Marx und Engels bis zum „sowjetischen Experiment“ von Lenin bis Gorbatschow, das mit Notwendigkeit scheitern mußte, weil jede sozialistische Utopie einen totalitären Kern in sich trage.[60]

Man muß es so hart formulieren: Malias Sozialismusbegriff ist verkürzt und einseitig, sein Verständnis von Utopie ist schlicht falsch, und sein Vergleich der Sowjetunion mit einem genetisch zum Untergang verurteiltem Organismus erinnert an die pseudohistorischen Auffassungen eines Oswald Spengler und anderer Autoren der Konservativen Revolution.[61] Wie deren Anhänger hat Malia auch nur Verachtung für das in den Sozialwissenschaften gültige Prinzip der Wertfreiheit übrig. Der Wissenschaftler müsse ein politisches Bekenntnis ablegen, er habe „sich auf der ganzen Linie für oder gegen das Gespenst zu entscheiden“,[62] womit der Totalitarismus gemeint ist.

Vielleicht ohne dies zu wollen, hat Malia damit ein scharfes Verdikt über die von ihm favorisierte Totalitarismustheorie ausgesprochen. Denn Malias wertender Vergleich zwischen der Sowjetunion und dem Dritten Reich ist eindeutig politisch motiviert und nicht wissenschaftlich begründet. Er verleitet ihn dazu, den „sowjetischen Totalitaris-

[59] Diese Abschnitte sind keineswegs originell und folgen im wesentlichen den bekannten Überblicksdarstellungen von: Leszek Kolakowski, Die Hauptströmungen des Marxismus. Entstehung. Entwicklung. Zerfall, Bd. 1–3, Zürich 1976–1978; Alain Besançon, Les Origines intellectuelles du leninisme, Paris 1977.

[60] Ebenda S. 32: „Die ideologische Hypostasierung dieser parallel verlaufenden Bewegungen als Sozialismus – sie allein machte das sowjetische Experiment möglich. Der für unsere Untersuchung relevante Grundbegriff ist folglich nicht Modernisierung und nicht einmal Totalitarismus, sondern Sozialismus. Andere ‚Modelle‘ sind zum Verständnis unserer Geschichte nicht erforderlich.“

[61] Vgl. dazu: Stefan Breuer, Anatomie der Konservativen Revolution, Darmstadt 1993.

[62] Ebenda S. 23.

mus zum schlimmsten und langlebigsten des ganzen Jahrhunderts“ zu erklären, weil der „sowjetische Terror (...) ein Vielfaches der Opfer sämtlicher Konzentrationslager Hitlers“ gefordert habe.[63] Daß Malia so den Holocaust relativiert, kommt ihm offensichtlich nicht in den Sinn.

Ähnliche aufrechnende Vergleiche findet man auch in einem Buch über die sowjetische Außenpolitik, das der amerikanische Sowjetologe Richard C. Raack unter dem Titel „Stalin's Drive to the West“ im Jahr 1995 veröffentlich hat.[64] Bereits der Titel ruft Bedenken hervor. Erinnert er doch an den vom „deutschen Drang nach Osten“, der ebenfalls suggeriert, daß Geschichte nicht von Menschen gemacht, sondern von irgendwelchen organischen Kräften und dumpfen „Drängen“ und Trieben bestimmt wird.[65] Was bei Malia der „genetische Code“ war, ist bei Raack ein ominöser „Drang“, der die beiden „totalitären“ Diktaturen bewogen habe, sich entweder nach Osten oder nach Westen auszubreiten.

Hitler und Stalin hätten zunächst gemeinsam, dann im Kampf gegeneinander danach gestrebt, die damalige Weltordnung zu verändern. Diesem Drang hätten die Westmächte sowohl in den 30er wie in den 40er Jahren viel zuwenig Widerstand entgegengesetzt. Dies gelte sowohl für das 1938 von Chamberlain und Daladier mit Hitler abgeschlossene Münchener Abkommen wie für die Potsdamer Konferenz von 1945, auf der Truman und Churchill Stalins Expansionspolitik nicht kritisiert und gestoppt hätten.

„Stalins Drang nach Westen“ habe jedoch schon 1937 begonnen und 1939/1940 seinen ersten großen Erfolg erzielt, als Hitler Stalin die baltischen Staaten, Ostpolen und Teile Rumäniens überließ. Doch damit habe sich Stalin nicht zufrieden geben wollen, sondern nach einer weiteren Expansion gestrebt, wobei Raack offensichtlich gar nicht merkt, daß und wie sehr er sich der These vom Präventivkrieg nähert, den Hitler nach der Ansicht einiger rechter und rechtsradikaler Historiker 1941 habe führen müssen.[66] Die Kritik an den Thesen der amerikanischen „Revisionisten“ führt hier zu einer zumindest partiellen Zustimmung zu den Kriegsschuldlügen der deutschen „Re-

[63] Ebenda S. 564 f.

[64] Richard C. Raack, Stalin's Drive to the West, 1938–1945. The Origins of the Cold War, Cambridge 1995.

[65] Wolfgang Wippermann, Der „deutsche Drang nach Osten“. Ideologie und Wirklichkeit eines politischen Schlagwortes, Darmstadt 1981.

[66] Mehr dazu bei: Wippermann, Wessen Schuld?, S. 61 ff.

visionisten“. Wenn amerikanische Historiker wie Amos Perlmutter Raack loben, weil er die „revisionistischen Historiker des Kalten Krieges und die Apologeten Stalins nun endgültig als naiv oder unehrenhaft entlarvt“ habe,[67] so sollten sie zur Kenntnis nehmen, daß sich Anti-Revisionisten wie Raack in eine gefährliche Nähe zu den „alten und neuen Apologeten Hitlers“ begeben.[68]

Doch dies ist eine zugegebenermaßen zu harte Kritik. Absolut berechtigt ist jedoch die Feststellung, daß es diesen amerikanischen ‚Neo-Traditionalisten‘ bisher nicht gelungen ist, eine wirklich tragfähige neue Totalitarismustheorie zu entwerfen, weil die von ihnen verwandten organizistischen Begriffe von einem „genetischen Code“ und einem expansiven „Drang“, der beiden „totalitären“ Regimen zu eigen gewesen sei, einen unbewiesenen und damit auch unwissenschaftlichen Charakter haben. Darüber kann ihre teilweise durchaus berechtigte Kritik an den Thesen der „revisionistischen“ Schule nicht hinwegtäuschen. Sie ist zudem auch überwiegend politisch motiviert und von einer uneingestandenen Furcht geprägt, daß die Grundlagen der westlichen Demokratie gerade deshalb in Gefahr seien, weil man nun nach dem Zusammenbruch des Kommunismus über kein wirkliches Feindbild mehr verfügt.[69]

[67] Vgl. die Rezension von Raacks Buch durch Amos Perlmutter, Alter Wunsch, Kalter Krieg, in: Der Tagesspiegel 19. Juni 1995.

[68] Hermann Graml, Alte und neue Apologeten Hitlers, in: Wolfgang Benz (Hrsg.), Rechtsextremismus in Deutschland, Frankfurt/M. 2. Aufl. 1989, S. 63–92.

[69] In Deutschland hat man diese Probleme nicht. Hier greift man ungeniert auf das alte Feindbild vom bedrohlichen „Osten“ zurück, aus dem schon immer die „asiatischen Horden“ geströmt seien, gegen die man sich durch die Errichtung von „Dämmen“ und „Deichen“ schützen müsse. Beispielhaft für diese neu-alte Ideologie ist: Bernhard Marquardt, Der Totalitarismus – ein gescheitertes Herrschaftssystem – Ein Analyse der Sowjetunion und anderer Staaten Ost-Mitteleuropas, Bochum 2. Aufl. 1992.

8. VOM „HISTORIKERSTREIT“ ZUR „RENAISSANCE DER TOTALITARISMUSTHEORIE“

Schon 1984 haben Uwe Backes und Eckhard Jesse die „Renaissance“ des „strittigen“ Totalitarismusbegriffs verkündet.[1] Dies war insofern berechtigt, weil sich zu diesem Zeitpunkt die Kritik an dem konkurrierenden Faschismusmodell zumindest in der Bundesrepublik weitgehend durchgesetzt hatte. Doch gleichzeitig wuchs auch das Interesse an der Geschichte des Holocaust. Dabei mehrten sich die Stimmen derjenigen, die meinten, daß der Mord an den europäischen Juden ein einmaliges Verbrechen in der Geschichte der Menschheit gewesen sei, das daher nicht mit anderen Verbrechen und Völkermorden verglichen werden dürfe.[2] Da sie auf derartigen Vergleichen basierten, wurde die Verwendung sowohl von Faschismus- wie von Totalitarismustheorien von vielen abgelehnt.[3]

Erstaunlicherweise haben sich weder die – meist bürgerlichen – Verfechter der Totalitarismustheorie noch die – meist linken – Anhänger des generischen Faschismusbegriffs gegen diese Versuche gewandt, den Holocaust zum ebenso singulären wie die Epoche prägenden Phänomen zu erklären. Ernst Nolte war die Ausnahme. Dies kam nicht überraschend, denn schließlich war er es gewesen, der die These von der „Epoche des Faschismus“ (und eben nicht des Holocaust) verkündet und den Faschismus als „Anti-Marxismus“ definiert hatte, wobei mehr von den marxistischen „Gegnern“ als von seinen „rassischen“ Opfern die Rede war.[4] In anderen Worten: Nolte war zwar

[1] Uwe Backes/Eckhard Jesse, Totalitarismus, Extremismus, Terrorismus. Ein Literaturführer und Wegweiser im Lichte deutscher Erfahrung, Opladen 1984, S. 47.

[2] Zu diesem langsamen und von Gegenströmungen begleiteten Wandel: Saul Friedländer, Die Last der Vergangenheit, in: Wolfgang Wippermann, Der konsequente Wahn. Ideologie und Politik Adolf Hitlers, München 1989, S. 214–259.

[3] Dazu mit weiteren Hinweisen: Wippermann, Faschismustheorien, S. 101 ff.

[4] Ernst Nolte, Der Faschismus in seiner Epoche, München 1963: „Der Faschismus ist Anti-Marxismus, der den Gegner durch die Ausbildung einer radikal entgegengesetzten und doch benachbarten Ideologie und die Anwen-

weit davon entfernt, die Bedeutung des Holocaust zu relativieren oder gar das Faktum selber zu leugnen, dennoch stellte dieser Völkermord keineswegs den Ausgangs- und Mittelpunkt seiner „historisch-phänomenologischen" Faschismusdefinition dar.[5]

Anstatt nun seine Theorie zu revidieren, hat Nolte sie radikalisiert,[6] was jedoch zunächst nur von wenigen bemerkt und kritisiert wurde.[7] Nolte erweiterte seine Faschismus=Antimarxismus-These, indem er auf kausale Verknüpfungen zwischen den Diktaturen Hitlers und Stalins hinwies.[8] Da das bolschewistische Regime eher entstanden sei, habe Hitler seine, wie sich Nolte ausdrückte, „asiatische" Tat gewissermaßen in präventiver Absicht begangen, nämlich um sich vor Stalin zu schützen und ihm zuvorzukommen.[9] Diese Behauptung kleidete Nolte in die folgende rhetorische Frage: „Aber gleichwohl muß die folgende Frage als zulässig, ja unvermeidbar erscheinen: Vollbrachten die Nationalsozialisten, vollbrachte Hitler eine ‚asiatische' Tat vielleicht nur deshalb, weil sie sich und ihresgleichen als potentielle oder

dung von nahezu identischen und doch charakteristisch umgeprägten Methoden zu vernichten trachtet, stets aber im Rahmen nationaler Selbstverwaltung und Autonomie" (S. 51).

[5] Mehr dazu bei: Wippermann, Faschismustheorien, S. 87ff.

[6] Vgl. zum Folgenden meinen kritischen Aufsatz: Wolfgang Wippermann, Vom „erratischen Block" zum Scherbenhaufen. Rückblick auf die Faschismusforschung, in: Thomas Nipperdey u. a. (Hrsg.), Weltbürgerkrieg der Ideologien. Antworten an Ernst Nolte, Berlin 1993, S. 207–215. Ich unterscheide mich in meiner Deutung der Wandlung und Radikalisierung Noltes übrigens von den Thesen Wehlers, Evans und anderer Kommentatoren des Historikerstreits.

[7] Ein Ausnahme ist die scharfe Kritik von Peter Gay, Freud, Juden und andere Deutsche. Herren und Opfer in der modernen Kultur, München 1989, S. 14ff. Gay warf Nolte vor, durch eine „vergleichende Verharmlosung" des Dritten Reiches eine „umfangreiche und kunstvolle Ehrenrettung des modernen Deutschlands" angestrebt zu haben.

[8] So schon in: Ernst Nolte, Marxismus und Nationalsozialismus, in: Vierteljahreshefte für Zeitgeschichte 31, 1983, S. 389–417; und: Ders., Between Myth and Revisionism? The Third Reich in the Perspective of the 1980s, in: Hannsjoachim W. Koch (Hrsg.), Aspects of the Third Reich, London 1985, S. 17–38.

[9] Ernst Nolte, Vergangenheit, die nicht vergehen will. Eine Rede, die geschrieben, aber nicht gehalten werden konnte, in: Frankfurter Allgemeine Zeitung 6. 6. 1986; dann in: „Historikerstreit". Die Dokumentation der Kontroverse um die Einzigartigkeit der nationalsozialistischen Judenvernichtung, München 1987, S. 39–47.

wirkliche Opfer einer ‚asiatischen' Tat betrachteten? War der Archipel Gulag ursprünglicher als Auschwitz?"[10]

Diese These, die Nolte zunächst in einem Zeitungsartikel, dann in einem dickleibigen Buch über den „europäischen Bürgerkrieg" zwischen Kommunisten und Anti-Kommunisten in einer immer zugespitzter und radikaler werdenden Weise vertrat,[11] lösten den sogenannten „Historikerstreit" aus, in dem es im wesentlichen um drei Momente ging.[12] Einmal um die ganz offensichtlich politisch motivierte Intention Noltes, unter die nationalsozialistische „Vergangenheit, die nicht vergehen will", einen ‚Schlußstrich' zu ziehen, was fast einhellig abgelehnt wurde.[13] Zweitens wurde die von Nolte behauptete Kausalität von kommunistischem Klassen- und nationalsozialistischem Rassenmord zurückgewiesen. Schließlich ging es drittens um die Frage, ob die nationalsozialistischen Verbrechen, für die Auschwitz zum Symbol geworden ist, mit denen in anderen Regimen verglichen werden könnten. Auch dies wurde von fast allen Beteiligten an dieser Kontroverse abgelehnt. Vergleiche mit anderen Regimen würden zu einer Aufrechnung und Trivialisierung der Schrecken des NS-Regimes führen. Auschwitz sei ein historisch singuläres Phänomen.

Einige meinten sogar, daß die nationalsozialistische Judenvernichtung nicht nur einzigartig, sondern auch unerklärbar sei.[14] Der Holo-

[10] Ebenda, S. 45. Dazu den Kommentar von Ernst Nolte, Abschließende Reflexionen über den sogenannten Historikerstreit, in: ders., Lehrstück oder Tragödie? Beiträge zur Interpretation der Geschichte des 20. Jahrhunderts, Köln 1991, S. 225–249.

[11] Ernst Nolte, Der europäische Bürgerkrieg 1917–1945. Nationalsozialismus und Bolschewismus, Berlin 1987.

[12] Vgl. die Dokumentation der wichtigsten Artikel und anderen Beiträge in: „Historikerstreit". Die Dokumentation der Kontroverse über die Einzigartigkeit der nationalsozialistischen Judenverfolgung, München 1987. Ferner die kritischen Kommentare bei: Dan Diner (Hrsg.), Ist der Nationalsozialismus Geschichte? Zur Historisierung des Historikerstreits, Frankfurt/M. 1987; Hans-Ulrich Wehler, Entsorgung der deutschen Vergangenheit? Ein polemischer Essay zum „Historikerstreit", München 1988; Richard Evans, Im Schatten Hitlers? Historikerstreit und Vergangenheitsbewältigung in der Bundesrepublik, Frankfurt/M. 1991.

[13] Mit besonderer Entschiedenheit von Wehler, Entsorgung der deutschen Vergangenheit?; und von den Autoren in: Diner (Hrsg.), Ist der Nationalsozialismus Geschichte?

[14] So ganz dezidiert: Dan Diner, Zwischen Aporie und Apologie. Über Grenzen der Historisierbarkeit des Nationalsozialismus, in: ders. (Hrsg.), Ist der Nationalsozialismus Geschichte?, S. 62–73: „Auschwitz ist ein Niemands-

caust markiere die „Grenzen des Verstehens".[15] Diese These, die vor allem von jüdischen Historikern vertreten wurde, war allerdings umstritten. Kaum umstritten, ja kaum noch thematisiert wurde, daß sich Totalitarismustheorien als gänzlich ungeeignet erwiesen hatten, die Singularität von Auschwitz zu erklären.[16]

Doch es gab auch Ausnahmen. Und zu ihnen gehörte der Bremer Historiker Imanuel Geiss, der vehement Noltes Partei ergriff.[17] Dies war erstaunlich, denn Geiss galt als linker Historiker, der durch einen in einer linken Zeitschrift publizierten heftigen Angriff gegen Friedrich Meinecke aufgefallen war, den Geiss hier als „historisierenden Schamanen seiner Klasse" beschimpft hatte.[18] Das war vor allem bei Angehörigen des nach Meinecke benannten Historischen Instituts der Freien Universität auf scharfe Kritik gestoßen.[19]

Wegen seiner Parteinahme für Nolte und seiner Kritik an Habermas, dem Geiss vorwarf, „den für unser System notwendigen Pluralismus" zu zerstören,[20] wurde Geiss von Wehler sanft getadelt.[21] Dies scheint Geiss maßlos erzürnt und nicht verwunden zu haben. Er veröffentlichte 1992 einen ‚Nachzügler-Buch' zum „Historikerstreit", in dem er zunächst einmal Wehlers Heimatort Gummersbach ‚madig' machte, weil hier in Gummersbach ein „besonders ausgeprägtes elitär-messionarisches Lokalbewußtsein" vorherrschend sei.[22]

land des Verstehens, ein schwarzer Kasten des Erklärens, ein historiographische Deutungsversuche aufsaugendes, ja außerhistorische Bedeutung annehmendes Vakuum" (S. 73).

[15] Hanno Loewy (Hrsg.), Holocaust: Die Grenzen des Verstehens. Eine Debatte über die Besetzung der Geschichte, Reinbek 1992.

[16] Vgl. dazu: Wehler, Entsorgung der deutschen Vergangenheit?, S. 167 ff., der vermutet, daß „politische Motive" für die „Einebnung jener qualitativen Unterschiede" verantwortlich seien, die das Dritte Reich „von anderen Diktaturen unterscheiden".

[17] Zuerst in seinem Aufsatz: Imanuel Geiss, Zum Historikerstreit, in: Evangelische Kommentare 1987, Februar, S. 101–103.

[18] Imanuel Geiss, Kritischer Rückblick auf Friedrich Meinecke, in: Das Argument 70, 1972, S. 22–36.

[19] So auch bei mir: Wolfgang Wippermann, Friedrich Meineckes „Die deutsche Katastrophe". Ein Versuch zur deutschen Vergangenheitsbewältigung, in: Michael Erbe (Hrsg.), Friedrich Meinecke heute, Berlin 1981, S. 101–121, bes. S. 114.

[20] Geiss, Zum Historikerstreit.

[21] Wehler, Entsorgung der deutschen Vergangenheit?, S. 234.

[22] Imanuel Geiss, Der Hysterikerstreit. Ein unpolemischer Essay, Bonn 1992, S. 146 f.

Doch auf derartige Invektiven gegen Wehler und Habermas in diesem merkwürdigen Buch, das übrigens den bezeichnenden Titel „Hysterikerstreit“ trägt, soll hier ebenso wenig eingegangen werden wie auf Geiss' verhementes Plädoyer für die Geopolitik.[23] In unserem Zusammenhang wichtiger ist Geiss' Verteidigung der Totalitarismustheorie und der generellen „Zulässigkeit des Vergleichs von Kommunismus und Nationalsozialismus“, obwohl, wie Geiss selber einräumt, „jeder strukturelle Vergleich (...) unvermeidlich auch zur strukturellen Relativierung“ führt.[24]

Nach Geiss sind Kommunismus und Nationalsozialismus „Produkte der Industrialisierung und des Ersten Weltkrieges“. Dabei seien die „in komplexen modernen Gesellschaften normale(n) Meinungsunterschiede und Spannungen hinter der Fassade einer totalitär-monolithischen Einparteiendiktatur“ mit „sozialistischem Anspruch“ unterdrückt und verdrängt worden.[25] Geiss will hier einmal die Erkenntnisse der neueren Nationalsozialismusforschung nicht wahrhaben, wonach das Dritte Reich eben keine „totalitär-monolithische Einparteiendiktatur“ gewesen ist.[26] Hinzu kommt seine Gleichsetzung von „nationalem und international-'proletarischem' Sozialismus“, die er ganz offensichtlich der Wahlkampfpropaganda der CDU der achtziger Jahre entnommen hat.

Sehr problematisch ist schließlich auch sein Versuch, die Aggressivität der beiden „Totalitarismen“ mit dem jeweiligen „Industrialisierungsgrad“ zu erklären. So meint er, daß sich die „Spannungen“ im „industrialisierten Deutschland“ überwiegend als Aggression nach außen entladen hätten, „weshalb die meisten Opfer des Dritten Reiches Nicht-Deutsche“ gewesen seien, während die „meisten Opfer des Kommunismus“ im „industriell unterentwickelten Rußland“ als „Angehörige des eigenen Imperiums“ zu bezeichnen seien.[27]

Daß die „meisten Opfer des Dritten Reiches Nicht-Deutsche“ wa-

[23] Ebenda S. 155ff. Geiss begründete dies übrigens mit dem folgenden bemerkenswerten Satz: „Wer die Erde als Grundlage unserer Existenz und ihren Erklärungswert für die Geschichte leugnet, verliert den Boden unter den Füßen, hebt ab wie – Peter Pan“ (S. 155).

[24] Ebenda S. 120.

[25] Ebenda S. 122.

[26] Vgl. dazu oben. S. 38ff. Geiss, der kein Experte für die Geschichte des Nationalsozialismus ist, zeigt hier auch sehr geringe Kenntnisse der Kontroverse zwischen den sog. „Intentionalisten“ und „Strukturalisten“, worauf hier nicht weiter eingegangen werden soll.

[27] Geiss, Hysterikerstreit, S. 122f

ren, ist zwar formal richtig, aber kein Unterscheidungskriterium, weil eben auch viele Deutsche, vor allem deutsche Juden zu diesen Opfern gehörten. Außerdem gehörten die Balten, Tataren, Ukrainer etc. keineswegs freiwillig zum sowjetischen „Imperium". Was die Verfolgungsmaßnahmen in beiden Regimen mit dem „Industrialisierungsgrad" zu tun gehabt haben sollen, ist völlig unerfindlich. Dennoch will Geiss darin den wichtigsten Unterschied zwischen Auschwitz und dem Gulag sehen: „Der höhere Industrialisierungsgrad Deutschlands ermöglichte die Technik des industrialisierten Massenmordes von Auschwitz, Treblinka und Majdanek. Die niedrigere Industrialisierungsstufe der UdSSR reicht nur zur rationalisierten, aber noch konventionellen Methode des administrativen Massenmordes – Genickschuß, Verhungernlassen, Zutodearbeiten unter unmenschlichen Lebens- und Arbeitsbedingungen."[28]

Wer das Besondere am Holocaust in der „Technik des industrialisierten Massenmordes" sehen will,[29] hat nun wirklich kaum etwas begriffen. Auschwitz stellt kein bloß technisches, noch nicht einmal ein historisches, sondern ein ethisches Problem dar, weil dieser Massenmord in einem Land stattfand, das sich als kultiviert und christlich verstand. Doch diese ethischen und religiösen Fragen werden nicht nur von Geiss, sondern auch von den übrigen Teilnehmern an der neuen Diskussion über das alte Phänomen des sogenannten Totalitarismus in den Hintergrund gedrängt.

Hinzu kommt eine ausgesprochen gegenwartspolitisch geprägte Tendenz, die durch alle wissenschaftliche Verkleidung und Verbrämung immer wieder durchscheint. So wenn der neurechte Ideologe Karlheinz Weißmann triumphierend meint, daß die „Aufklärungs-Fundamentalisten" im „Historikerstreit" nur einen „Pyrrhus-Sieg" errungen hätten, da die „Konfrontation mit der Wirklichkeit des anderen großen totalitären Regimes nach dem Zusammenbruch des Kommunismus" den „Paradigmawechsel, der anderweitig vorbreitet wurde", beschleunigt habe.[30]

Ähnlich wie Weißmann argumentiert auch Eckhard Jesse, der es in

[28] Ebenda.

[29] Diesen technologischen Aspekt betont Geiss in einem weiteren Aufsatz, in dem er sich mit Massakern ganz allgemein auseinandersetzt, wobei das Besondere des Holocaust völlig aus dem Blick gerät: Imanuel Geiss, Massaker, in: Backes/Jesse/Zitelmann (Hrsg.) Die Schatten der Vergangenheit, S. 116–127.

[30] Karlheinz Weißmann, Rückruf in die Geschichte. Die deutsche Herausforderung, Berlin 1992, S. 48.

einem wissenschaftlichen Aufsatz zunächst einmal für notwendig hält, ehemalige Linke wie den früheren Frankfurter ASTA-Vorsitzenden Wolfgang Kraushaar gönnerhaft dafür zu loben, daß dieser sich nun „genötigt“ sehe, den Totalitarismusbegriff „angesichts der desaströsen Hinterlassenschaft des ‚realen Sozialismus‘“ aufzuwerten, um dann diejenigen heftig zu tadeln, die diesen Terminus immer noch ablehnen.[31] Hier wird der Totalitarismusbegriff zu einem Geßler-Hut, vor dem jeder aufrechte Demokrat seine Verbeugung zu machen hat.

Unverkennbare ideologische Tendenzen gibt es auch in der neuen DDR-Forschung. Manchmal hat man sogar den Eindruck, daß hier alte politische, ja hochschulpolitische ‚Rechnungen präsentiert‘ werden.[32] Wenn hier die „Renaissance einer lange tabuisierten Konzeption“ gefeiert wird, [33] so wird man den Verdacht nicht los, daß diese Autoren durch den Hitler=Honecker-Vergleich endlich aus dem „Schatten der (nationalsozialistischen) Vergangenheit“ heraustreten wollen, was sie übrigens im anderen Zusammenhang immer gefordert haben.[34]

Nun kann man zwar leicht gegen die erwähnten Thesen der ‚alten‘ DDR-Forschung polemisieren, weil es eben nicht zu einer Konver-

[31] Eckhard Jesse, Überlegungen zur weiteren Totalitarismusforschung, in: Maier (Hrsg.), „Totalitarismus“ und „Politische Religionen“, S. 275–284, S. 275 f. Jesse bezieht sich hier auf: Wolfgang Kraushaar, Sich aufs Eis wagen. Plädoyer für eine Auseinandersetzung mit der Totalitarismustheorie, in: Der Mittelweg 36, 1993, S. 6–29. Kraushaar schreibt hier wirklich im Stil und mit dem Eifer eines Neophyten. Vgl. die Kritik von: Karl Heinz Roth, „Sich aufs Eis wagen“ – zur Wiederbelebung der Totalitarismustheorie durch das Hamburger Institut für Sozialforschung, in: Frank Deppe u. a. (Hrsg.), Antifaschismus, Heilbronn 1996, S. 403–415.

[32] Vgl. dazu das geradezu denunziatorisch wirkende Buch von: Klaus Schroeder/Jochen Staadt, Der diskrete Charme des Status Quo. DDR-Forschung in der Ära der Entspannungspolitik, Berlin 1992.

[33] Uwe Backes/Eckhard Jesse, Totalitarismus und Totalitarismusforschung. Zur Renaissance einer lange tabuisierten Konzeption, in: Jahrbuch für Extremismus und Demokratie 4, 1992, S. 7–27.

[34] Vgl. den programmatischen Aufsatz zu dem ebenso programmatischen Sammelband: Uwe Backes/Eckhard Jesse/Rainer Zitelmann, Was heißt „Historisierung“ des Nationalsozialismus?, in: dies. (Hrsg.), Die Schatten der Vergangenheit – Impulse zur Historisierung des Nationalsozialismus, Frankfurt/M. 1990, S. 25–57. Hier wird die These vertreten, daß das Dritte Reich auch „gute Seiten“ hatte, weil es eine „progressive Sozialpolitik“ betrieben und eigentlich ‚nur‘ eine „Minderheit von ‚rassisch‘ Ausgegrenzten, politisch Oppositionellen und anderen Randgruppen“ verfolgt habe (S. 41).

genz und weiteren Reform der DDR gekommen ist, die Frage bleibt jedoch, ob die DDR der achtziger Jahre wirklich noch „totalitär“ oder nicht doch ‚nur‘ noch „autoritär“ gewesen ist.[35] Jesse kann sich nicht entscheiden. Einmal stellt er fest, daß sich die „totalitäre Struktur“ der DDR „wider den Willen der Machthaber zwar nicht aufzulösen, aber beträchtlich abzuschwächen“ begonnen habe, um gleichzeitig zu betonen, daß die Partei- und Staatsführung an ihrem „totalitären Anspruch“ festgehalten habe. Das Dilemma „totalitär“ oder „autoritär“ ‚löst‘ Jesse schließlich durch die Erfindung eines neuen Wortes: Die DDR der achtziger Jahre sei eine „autalitäre Diktatur“ gewesen.[36]

Die Frage, ob die DDR wirklich ein „totalitäres“ Regime gewesen ist, was übrigens auch von Hannah Arendt ausdrücklich verneint worden ist,[37] wird auch in der gegenwärtigen Forschung weiterhin kontrovers diskutiert. Zurückhaltend hat sich der Leiter des Potsdamer Forschungsschwerpunktes Zeithistorische Studien, Jürgen Kocka, zur Anwendung des Totalitarismuskonzepts geäußert.[38] Strikt abgelehnt wird es von Arnold Sywottek und auch von Ralph Jessen.[39] Erste Versuche, die DDR wirklich mit dem Dritten Reich zu vergleichen, wie sie unter anderem von einigen Assistenten und Studenten der Universität Freiburg durchgeführt worden sind, überzeugen nicht.[40] Problematisch scheinen mir auch die Bestrebungen zu sein,

[35] Eckhard Jesse, War die DDR totalitär?, in: Aus Politik und Zeitgeschichte B 40/7. Oktober 1994, S. 12–23.

[36] Ebenda S. 20 und 23.

[37] Siehe dazu oben S. 32. Dennoch wurde in Dresden ein „Hannah-Arendt-Institut für Totalitarismusforschung“ ins Leben gerufen, das sich ausdrücklich auf den Vergleich DDR–Drittes Reich konzentrieren soll. Bemerkenswerte Forschungsresultate liegen jedoch bisher nicht vor.

[38] Jürgen Kocka, Die Geschichte der DDR als Forschungsproblem. Einleitung, in: ders. (Hrsg.), Historische DDR-Forschung. Aufsätze und Studien, Berlin 1993, S. 9–26.

[39] Arnold Sywottek, „Stalinismus“ und „Totalitarismus“ in der DDR-Geschichte, in: Deutsche Studien H. 117/118, 1993, S. 25–38; Ralph Jessen, DDR-Geschichte und Totalitarismustheorie, in: Berliner Debatte Initial 4/5, 1995, S. 17–24.

[40] Ludger Kühnhardt u. a. (Hrsg.), Die doppelte deutsche Diktaturerfahrung. Drittes Reich und DDR – ein historisch-politikwissenschaftlicher Vergleich, Frankfurt/M. 1994. Die meisten Autoren dieses Sammelbandes weisen eher auf Unterschiede als Gemeinsamkeiten hin. Dennoch wird in der Zusammenfassung Autoren, die in diesem Zusammenhang vor einer „Verharmlosung des Holocaust“ warnen, unterstellt, sie würden Argumente verwenden, die „wissenschaftlich unseriös und volkspädagogischer Natur“ sein.

die Opposition in der DDR mit dem Widerstand im Dritten Reich zu vergleichen und gleichzusetzen, weil die Widerstandskämpfer gegen Hitler ein weitaus größeres Risiko eingegangen sind, was viele mit ihrem Leben bezahlen mußten. Daher ist der Widerstand gegen Hitler in der bisherigen Forschung auch als singuläres historisches Phänomen angesehen und dementsprechend verherrlicht worden.[41]

Doch wie immer diese Diskussion ausgehen wird, die Gefahr bleibt bestehen, daß durch derartige Vergleiche die DDR dämonisiert und das Dritte Reich verharmlost werden. Auf die politischen Konsequenzen, die das haben kann und nach dem Willen von rechten Ideologen wie Zitelmann auch haben soll,[42] möchte ich hier nicht weiter eingehen und statt dessen die Frage stellen, welche Totalitarismustheorie denn gemeint ist, die eine „Renaissance" erfahren haben soll. Erstaunlicherweise wird diese doch naheliegende und wichtige Frage in verschiedenen publizistischen und selbst wissenschaftlichen Publikationen über die angeblich „totalitäre DDR" nicht beantwortet. Den „stillen Sieg eines Begriffs" zu verkünden, ohne dann anzugeben, wer oder was damit überhaupt gemeint sein soll, ist daher als unredlich anzusehen.

Verschiedene Autoren gehen wie selbstverständlich von der Totalitarismustheorie aus, die sicherlich als die bekannteste, zugleich aber auch als unbrauchbarste anzusehen ist. Gemeint ist das bereits ausführlich besprochene idealtypisch statische Totalitarismusmodell von Friedrich und Brzezinski, dessen offenkundige Schwäche noch zusätzlich durch den Zusammenbruch des Kommunismus bestätigt wurde, weil es hier zu einer Entwicklung gekommen ist, die in der Theorie nicht vorgesehen war.

Dies gilt einmal für das epochale Danziger Abkommen vom August 1980, in dem die kommunistische Staatspartei Polens die Solidarność-Bewegung offiziell anerkannte. Damit war das kommunistische Polen faktisch kein Einparteienregime mehr, weil es nun in der Gestalt der Solidarność, die schon damals mehr als ‚nur' eine Gewerkschaft war, über eine Opposition verfügte.

[41] Vgl. etwa: Ulrike Poppe/Rainer Eckert/Ilko-Sascha Kowalczuk (Hrsg.), Zwischen Selbstbehauptung und Anpassung. Formen des Widerstandes und der Opposition in der DDR, Berlin 1995. Zur Kritik derartiger Vergleiche: Wolfgang Wippermann, Das „Vermächtnis des Widerstandes": Instrumentalisierung oder Historisierung?, in: Gerhard Ringshausen (Hrsg.), Perspektiven des Widerstandes. Der Widerstand im Dritten Reich und seine didaktische Erschließung, Pfaffenweiler 1994, S. 74–91, bes. S. 90f.

[42] Vgl. die Kampfschrift: Rainer Zitelmann, Wohin treibt unsere Republik, Berlin 1994, S. 157ff., der hier ganz offen eine „andere Republik" fordert.

Unerwartet und nicht vorhergesehen war auch die Reformpolitik Gorbatschows, durch die die Sowjetunion zweifellos nicht zu einer Demokratie wurde, andererseits auch keine „totalitäre" Diktatur mehr war. Dann kam der denkwürdige Vorgang im August 1991, als Boris Jelzin im Beisein ihres völlig hilflosen Generalsekretärs Gorbatschow die scheinbar allmächtige KPdSU mit einem Federstrich für aufgelöst erklärte.

Kaum eine andere historische Theorie ist durch die Geschichte selber so völlig widerlegt worden wie das Totalitarismusmodell von Friedrich und Brzezinski. Daher sind auch alle Bemühungen, diese Totalitarismustheorie wiederzubeleben, zwecklos und von vornherein zum Scheitern verurteilt. Wenn man am Totalitarismuskonzept festhalten will, dann kann man dies nur mit Hilfe einer neuen oder zumindest anderen Theorie tun. Zu den wenigen, die dies klar erkannt haben, gehört Wolfgang Kraushaar, der in seinem schon mehrfach erwähnten „Plädoyer für eine Auseinandersetzung mit der Totalitarismustheorie" einmal einen zwar sehr knappen, aber durchaus informativen und treffenden Überblick über die Entwicklung der Totalitarismusdiskussion gibt.[43]

Dabei gelangt er zu einem geradezu vernichtenden Urteil über die „klassische Totalitarismustheorie" Friedrichscher Prägung, der er 1. eine „antikommunistische Funktionalisierung", 2. „Immunisierung des westlichen Wertesystems", 3. „Neutralisierung und Relativierung der NS-Vergangenheit" und 4. vorwirft, eine „Quasi-Weltanschauung" der „als ‚freiheitlich' charakterisierten parlamentarischen Demokratie" gewesen zu sein, wobei eine „gefährliche Nähe zu einem manichäischen Weltbild deutlich" geworden sei.[44] Nicht genug damit wirft er auch Arendts klassischem Werk „theoretische Schlagseite" vor und warnt davor, den Totalitarismusbegriff „als antikommunistische Kampfparole zu verwenden", zumal bei einer derartigen „dichotomisierenden Herangehensweise (...) das eigene System durch die Selbstetikettierung ‚freiheitlich' immer schon aus dem Schneider ist."[45]

Wenn dies alles so ist, dann fragt man sich, warum sich Kraushaar

[43] Wolfgang Kraushaar, Sich aufs Eis wagen. Plädoyer für eine Auseinandersetzung mit der Totalitarismustheorie, in: Mittelweg 36, 2, 1993, S. 6–29; abgedruckt bei: Jesse (Hrsg.), Totalitarismus im 20. Jahrhundert, S. 453–470. Bemerkenswert ist vor allem sein Hinweis auf die „Renegaten-Literatur", die in den sonstigen Überblicken zur Genese der Totalitarismustheorien nicht zu finden ist.

[44] Ebenda S. 456f.

[45] Ebenda S. 467.

dennoch „aufs Glatteis“ begibt und für die Beibehaltung des Totalitarismusbegriffs plädiert.[46] Er tut dies unter Hinweis auf das „Projekt 1995“ des Hamburger Instituts für Sozialforschung, das die drei „Makroverbrechen“ dieses Jahrhunderts miteinander vergleicht.[47] Gemeint sind „Auschwitz“, „der Archipel Gulag“ und „Hiroshima“. Was aber hatte der Abwurf der Atombombe auf die japanische Stadt Hiroshima mit der nationalsozialistischen „ideologisch angekündigte(n), sukzessive geplante(n), bürokratisch betriebene(n) und industriell umgesetzte(n) Massenvernichtung“ und mit dem sowjetischen Gulag zu tun?[48] Ohne Hiroshima rechtfertigen zu wollen (wer tut dies heute noch?), dieser Vergleich kommt einer unerträglichen Trivialisierung vor allem von Auschwitz gleich. Und ich verwahre mich gegen die von Kraushaar (und anderen!) in diesem Zusammenhang erhobene Unterstellung, daß jegliche Kritik an derartigen trivialisierenden Vergleichen politisch und „moralisch“ motiviert sei.[49] Nein, derartige Vergleiche sind aus historischen (Auschwitz war etwas völlig anderes als Hiroshima und der Gulag) und ethischen Motiven (auf die auch die heutige Historiographie nicht verzichten darf) abzulehnen.

Kritikwürdig ist auch der „plausible Zusammenhang“, den Kraushaar zwischen diesen „Makroverbrechen“ herstellt, in dem er sich einmal auf die „Zivilisationstheorie“ von Norbert Elias beruft[50] und zum anderen auf die „Modernisierungstheorie“ verweist.[51] Obwohl er selber dies nicht weiter präzisiert, meint Kraushaar damit einen Strang innerhalb der Faschismusdiskussion,[52] in dem das Dritte Reich (und nur dies) verschiedentlich als „Krankheit der Moderne“,[53] „Stoß

[46] Ebenda S. 468.

[47] Ebenda S. 453.

[48] Ebenda S. 454. Die zu diesem Thema in Hamburg und Berlin gezeigte Ausstellung rief bei liberalen und linken Journalisten ein betretenes Schweigen hervor. Völlig anders war die Reaktion auf die Ausstellung über die Verbrechen der Wehrmacht, die ebenfalls vom Hamburger Institut für Sozialforschung konzipiert worden war.

[49] Ebenda S. 455 f.

[50] Gemeint ist das problematische Alterswerk: Norbert Elias, Studien über die Deutschen – Machtkämpfe und Habitusentwicklung im 19. und 20. Jahrhundert, Frankfurt/M. 1989.

[51] Kraushaar, Sich aufs Eis wagen, S. 454.

[52] Vgl. dazu das Kapitel „Faschismus und Modernisierung“ in: Wippermann, Faschismustheorien, S. 80 ff.

[53] Karl Otten, Geplante Illusionen. Eine Analyse des Faschismus, Frankfurt/M. 1989 (zuerst: London 1942).

in die Modernität",[54] „soziale Revolution"[55] und Beweis und Beispiel eine „reaktionären Moderne"[56] bezeichnet oder in eine „Krankengeschichte der Moderne"[57] eingeordnet wurde.

Doch was hat der in Deutschland und von Deutschen ausgeführte Rassenmord mit der „Moderne" zu tun? [58] Eine Antwort auf diese entscheidende Frage bietet der polnische Soziologe Zygmunt Bauman.[59] Nach Bauman ziele der „moderne Staat" darauf ab, „die beherrschten Bevölkerungen einer gründlichen Kontrolle zu unterwerfen, um sie in eine ordentliche Gesellschaft zu transformieren, die den Vorschriften der Vernunft entsprach."[60] Bauman bezeichnet diesen „modernen Staat" als einen „Gartenbau-betreibenden-Staat", weil er wie ein „Gärtner" bemüht sei, die ‚nützlichen' Untertanen zu fördern und die ‚negativen' auszujäten. Damit meint er die biologischen und sozialen Maßnahmen, mit denen die Bevölkerung kontrolliert und umgewandelt würde, bis sie dem angestrebten Ideal der „Vollkommenheit" entspräche, wobei alle Fremden, Kranken und „Asozialen" eliminiert würden.[61]

All dies trifft auf den nationalsozialistischen „Rassenstaat" unzweifelhaft zu. Doch gilt dies auch für die kommunistischen Regime, die Bauman ebenfalls zu den „Gartenbau-treibenden-Staaten" zählt? Ist „die Moderne" generell die „zwar nicht hinreichende Ursache des Genozids, aber ihre notwendige Bedingung"?[62] War der Holocaust wirklich, wie dies Bauman in einem Interview mit der „Zeit" erklärte,

[54] Ralf Dahrendorf, Gesellschaft und Demokratie in Deutschland, München 1965.

[55] David Schoenbaum, The Social Revolution, New York 1966; dt.: Die braune Revolution. Eine Sozialgeschichte des Dritten Reiches, Köln 1968.

[56] Jeffrey Herff, Reactionary modernism. Technology, culture and politics in Weimar and the Third Reich, Cambridge 1984

[57] Detlev Peukert, Volksgenossen und Gemeinschaftsfremde. Anpassung, Ausmerze und Aufbegehren unter dem Nationalsozialismus, Köln 1982.

[58] Diese Frage steht im Mittelpunkt der Gedenkschrift für Detlev Peukert: Frank Bajohr/Werner Johe/Uwe Lohalm (Hrsg.), Zivilisation und Barbarei. Die widersprüchlichen Potentiale der Moderne. Detlev Peukert zum Gedenken, Hamburg 1991.

[59] Zygmunt Bauman, Dialektik der Ordnung. Die Moderne und der Holocaust, Hamburg 1992; ders., Moderne und Ambivalenz. Das Ende der Eindeutigkeit, Hamburg 1992.

[60] Bauman, Moderne und Ambivalenz, S. 35.

[61] Ebenda S. 45.

[62] Ebenda S. 69.

weder „einmalig" noch spezifisch deutsch, sondern durch die „Ambition der Moderne, eine vollkommene Gesellschaft zu schaffen," hervorgerufen?[63]

Ich glaube dies nicht und stimme Daniel Jonah Goldhagen zu, der meint, daß der Holocaust ein „deutsches Projekt" war, das von „Deutschen" konzipiert und realisiert wurde.[64] Goldhagen hält daher das gesamte Totalitarismusmodell für „grundfalsch",[65] weil im Unterschied zum Holocaust alle anderen „organisierten Massenmorde" im „Zusammenhang mit Konflikten um Territorien oder Auseinandersetzungen zwischen Klassen, Ethnien und Religionen" stattgefunden hätten.[66] So radikal diese These Goldhagens ist, so berechtigt ist es, alle vorhandenen Totalitarismustheorien daran zu messen, ob sie in der Lage sind, den Holocaust zu erklären. Wer dieser Frage ausweicht, handelt unredlich.

Genau dies ist m. E. in den schon mehrfach erwähnten Sammelbänden der Fall, die von Eckhard Jesse[67] und Hans Maier[68] herausgegeben sind. In den Registern beider Bücher findet man so gut wie keine Eintragungen zum Themenbereich des Holocaust. Kein einziger Beitrag beschäftigt sich mit der Beziehung zwischen Holocaust und Totalitarismus. In dem programmatischen Beitrag Maiers über „Totalitarismus und Politische Religionen" wird die nationalsozialistische Judenverfolgung nur ein einziges Mal erwähnt.[69] Und dies geschieht im Zusammenhang mit der Einführung des sog. Arierpasses, bei dem sich nach Maier „achtzig Millionen auf die Suche nach dem gefürchteten jüdischen Großvater machten".[70] Doch dieses, wie Maier meint, „Einweihungsritual" mußten eben nur die „arischen Volksgenossen" über sich ergehen lassen, für Juden und andere „Fremdrassige" waren diese pseudoreligiösen „Rituale" nicht gedacht. Juden und andere „Fremdrassige" sowie „Erbkranke" und „Asoziale" wurden selektiert

[63] Helga Hirsch, Der Holocaust ist nicht einmalig, in: Die Zeit 23. April 1993.

[64] Daniel Jonah Goldhagen, Hitlers willige Vollstrecker. Ganz gewöhnliche Deutsche und der Holocaust, Berlin 1996.

[65] Ebenda S. 559.

[66] Ebenda S. 482.

[67] Jesse (Hrsg.), Totalitarismus im 20. Jahrhundert.

[68] Maier (Hrsg.), „Totalitarismus" und „Politische Religionen".

[69] Hans Maier, „Totalitarismus" und „Politische Religionen". Zwei Konzepte des Diktaturvergleichs, in: ders. (Hrsg.), „Totalitarismus" und „Politische Religionen", S. 233–250.

[70] Ebenda S. 245.

und ermordet. Warum dies so war, kann mit dem Konzept der „Politischen Religion“ nicht erklärt werden.

So richtig der Hinweis Maiers ist, daß „totalitäre Bewegungen in ihren Worten und Handlungen mit Momenten“ operierten, „die im Bereich der Religion (bzw. der Pseudo- oder „politischen Religion“) angesiedelt sind“,[71] so sehr ist darauf hinzuweisen, daß sich der von Klaus Vondung und anderen treffend charakterisierte „ideologische Kult“ und die „politische Religion des Nationalsozialismus“[72] an den „arischen“, gesunden und leistungsfähigen „Volksgenossen“ richtete, während die „nicht-arischen“, kranken und „asozialen“ Elemente als „Gemeinschaftsfremde“ gnadenlos aus dem „deutschen Volkskörper“‚ausgeschieden‘, d. h. asyliert, sterilisiert und ermordet wurden. Wenn man von dieser „Reinigung des deutschen Volkskörpers“ im nationalsozialistischen „Rassenstaat“ abstrahiert, dann begibt man sich in Gefahr, den „schönen Schein des Dritten Reiches“[73] zu reproduzieren, anstatt ihn radikal zu demontieren, worauf übrigens Saul Friedländer bereits in seinem sehr hellsichtigen Essay über „Kitsch und Tod“ hingewiesen hat.[74]

Da Rassenideologie und Rassenpolitik untrennbar mit dem „ideologischen Kult“ und der „politischen Religion“ des NS-Staates verbunden waren, stößt ein Vergleich der „politischen Religionen“ in den „totalitären Staaten“ auf unüberwindbare Grenzen. Man kann nämlich nicht, wie dies Maier vorschlägt, die „massenwirksamen Ideologien der Klasse oder Rasse, der Ökonomie oder des Blutes“ einfach identifizieren.[75] Der Marxismus bzw. das, was Lenin und Stalin daraus gemacht hatten, war etwas anderes als der Rassismus, der im Zentrum der nationalsozialistischen „Weltanschauung“ stand. In anderen Worten: Wenn man das Konzept der „Politischen Religion“ auf kommu-

[71] Ebenda S. 244.

[72] Klaus Vondung, Magie und Manipulation. Ideologischer Kult und politische Religion des Nationalsozialismus, Göttingen 1971.

[73] Peter Reichel, Der schöne Schein des Dritten Reiches. Faszination und Gewalt des Faschismus, München 1991.

[74] Saul Friedländer, Kitsch und Tod. Der Widerschein des Nazismus, München 1984. Friedländer hat übrigens nicht, wie Helmuth Kiesel und Jan Peter Grevel meinen, die „künstlerische Reflexion der modernen Gewaltregime“ generell, sondern ausschließlich die des Dritten Reiches „erörtert“. Vgl.: Helmuth Kiesel/Jan Peter Grevel, Die modernen Gewaltregime und die Literatur, in: Maier (Hrsg.), „Totalitarismus“ und „Politische Religionen“, S. 211–232, S. 211.

[75] Maier, Konzepte des Diktaturvergleichs, S. 243.

nistische und faschistische bzw. nationalsozialistische Staaten anwenden will, dann muß man davon abstrahieren, daß die ‚Heilsbotschaft' dieser Politischen Religionen völlig unterschiedlich war. Vergleichbar waren allenfalls die, um im Bild zu bleiben, ‚unseligen' und ausschließlich negativen Auswirkungen dieser ‚Botschaften' bzw. Ideologien.

Was tut man, wenn sich die alten Totalitarismustheorien als unzureichend erwiesen haben und neue noch nicht entwickelt sind? Ein Ausweg ist, einfach auf Theorien zu verzichten und, um einen auf den Faschismus bezogenen Ausspruch Angelo Tascas abzuwandeln,[76] Totalitarismus „definiert, in dem man seine Geschichte schreibt". Karl Dietrich Bracher hat dies immer gefordert und seit nunmehr vier Jahrzehnten auch selber mit großem Erfolg getan. Davon zeugen seine Bücher über „Europa in der Krise", „Zeit der Ideologien", „Geschichte und Gewalt" sowie vor allem „Die totalitäre Erfahrung",[77] in denen, jeweils aus einem anderen Blickwinkel, die Geschichte des Totalitarismus, bzw. die Auseinandersetzung zwischen Demokratie und Antidemokratie nüchtern, zuverlässig und ohne theoretisierende Erörterungen der Frage, wessen „asiatische" Taten eher begangen wurden und schlimmer waren, beschrieben werden. Es wird auch weiterhin möglich und auf jeden Fall legitim sein, auf diesem von Bracher gewiesenen „empirischen Weg" durch eine „historische differenzierte Bestandsaufnahme" eine „Theorie totaler Herrschaft" zu gewinnen.[78]

So kann man die Geschichte des Totalitarismus schreiben. Ist sie mit dem Untergang des Kommunismus zu Ende gegangen? Befinden wir uns, wie Francis Fukuyama gemeint hat, am „Ende der Geschichte", weil die Demokratie auf der ganzen Linie gesiegt hat und völlig unangefochten dasteht? Die morgendliche Zeitungslektüre und die „Tagesschau" am Abend belehren uns, daß dies keineswegs so ist. Wir brauchen eine Theorie, die diese neuen und alten Gefahren auf den Begriff bringt und die wie die ‚alten Totalitarismustheorien' durchaus Elemente einer „Weltanschauung" haben kann, ohne zu einer bloßen „Kampfparole" zu werden,[79] und ohne daß ein Feindbild konstruiert

[76] Angelo Tasca, Glauben, Gehorchen, Kämpfen. Der Aufstieg des Faschismus, Wien 1969, S. 374.

[77] Karl Dietrich Bracher, Europa in der Krise, Frankfurt/M. 1979; ders., Geschichte und Gewalt, Berlin 1981; ders., Zeit der Ideologien, Stuttgart 1985; ders., Die totalitäre Erfahrung, München 1987.

[78] Kraushaar, Sich aufs Eis wagen, S. 466.

[79] Ebenda S. 457 u. S. 467. Kraushaars negative Charakterisierung dieses Aspekts der ‚alten Totalitarismustheorien' teile ich nicht ganz.

wird, das ‚die anderen' trifft und treffen soll, wobei dann von unseren Fehlern und Schwächen abstrahiert wird.[80]

Während in Deutschland in diesem Zusammenhang von „Extremismus der Mitte" gesprochen wird,[81] scheint sich in Frankreich der Begriff „Neototalitarismus" durchzusetzen, um Gefahren zu charakterisieren, die gerade den scheinbar so siegreichen Demokratien drohen. Nach Léon Poliakov ist der Totalitarismus keineswegs als ein vollständig „vergangenes historisches Phänomen" anzusehen.[82] Während Yves Cuau meint, daß wir uns allenfalls in der Phase eines „Post-Totalitarismus" befinden,[83] spricht Jean-Claude Casanova in diesem Zusammenhang von einem „neuen Totalitarismus", der sich in vielen wichtigen Punkten vom alten unterscheide.[84] Die hier entwickelten Gedanken sind jedoch nicht unbedingt als neu zu bezeichnen. Vieles kann man bereits in Herbert Marcuses Klassiker „Der eindimensionale Mensch" nachlesen,[85] der im heutigen Frankreich offensichtlich wieder entdeckt wird. Die Frage ist jedoch, ob man in diesem Zusammenhang nicht besser von einem „Faschismus in neuem Gewande" reden soll.[86]

[80] Vgl. dazu: Hermann Lübbe (Hrsg.), Von der Heilserwartung zum Terror. Politische Religionen des 20. Jahrhunderts, Düsseldorf 1995. Hier beschwört der oben schon erwähnte französische Historiker Joseph Rovan statt wie bisher das kommunistische nun das islamistische Feindbild.

[81] Hans Martin Lohmann (Hrsg.), Extremismus der Mitte. Vom rechten Verständnis der deutschen Nation, Frankfurt/M. 1994.

[82] Léon Poliakov, Les totalitarismes du XXe siècle. Un phénomème historique dépassé?, Paris 1987.

[83] Yves Cuau, Postcommunisme, in: L'Express vom 11. 8. 1989, zitiert nach Bosshart, Die französische Totalitarismusdiskussion, S. 260.

[84] Jean-Claude Casanova, Luerus à l'Est?, in: L'Express vom 11. 8. 1989, S. 21; zitiert nach Bosshart, Die französische Totalitarismusdiskussion, S. 260.

[85] Herbert Marcuse, Der eindimensionale Mensch, Neuwied 1967.

[86] So auch: Walter Laqueur, Faschismus – Gestern, Heute, Morgen, Berlin 1997. Dazu: Wippermann, Faschismustheorien, 7. Aufl. „Plädoyer für eine multikausale Faschismustheorie".

IDEOLOGIE ODER THEORIE?

Zusammenfassung und Ausblick

Die Totalitarismusdiskussion begann in den 20er Jahren und erreichte 1939 nach dem Abschluß des Hitler-Stalin-Paktes ihren ersten Höhepunkt. Als es zwei Jahre später zur Bildung der Anti-Hitler-Koalition kam, verschwand der Begriff ziemlich abrupt aus der politischen und wissenschaftlichen Diskussion des Westens, um nach dem Ausbruch des Kalten Krieges erneut aufzutauchen und die politische Diskurse bis weit in die 60er Jahre hinein zu prägen. Seit Ende der 60er Jahre wurde der Totalitarismusbegriff erneut in Frage gestellt und weitgehend vom Faschismuskonzept ersetzt, das jedoch bald ebenfalls heftig kritisiert wurde. Nach dem Zusammenbruch des Kommunismus ist es dagegen wieder zu einer Renaissance des Totalitarismuskonzepts gekommen.

Die Geschichte der Totalitarismusdiskussion weist also heftige Schwankungen auf, die eher politische als wissenschaftliche Ursachen hatten. Schon dies allein deutet auf den ‚Doppelcharakter' des Totalitarismus hin, der immer sowohl Theorie wie Ideologie war. Als politischer Begriff war er „Faktor und Indikator" der realhistorischen Entwicklung. Dies gilt einmal für die Geschichte des Antifaschismus. Waren es doch christliche, liberale und sozialdemokratische Antifaschisten, die dem faschistischen Gegner vorwarfen, nach kommunistischem Vorbild einen „totalen Staat" errichten zu wollen.

Damit wird auf die zweite, die antikommunistische Stoßrichtung des Totalitarismusbegriffs angespielt. Dieses antikommunistische Moment wurde um so stärker, je mehr sich die Kommunisten weigerten, die Demokratie gegen den Faschismus zu verteidigen, und statt dessen danach strebten, unter dem Deckmantel des Antifaschismus eine „totalitäre" Diktatur zu errichten, der keineswegs nur „Faschisten", sondern auch Antifaschisten zum Opfer fallen sollten. Diese Entwicklung deutete sich bereits am Ende der Weimarer Republik an, als die KPD die „Sozialfaschisten" in der SPD weit härter bekämpfte als die „faschistische" NSDAP. Das veranlaßte sozialdemokratische Politiker und Publizisten, Kommunisten und Faschisten unter dem politischen Kampfbegriff des Totalitarismus zu subsumieren, weil „Nazis" und „Kozis" „gleiche Brüder mit ungleichen Kappen" seien.

Im Spanischen Bürgerkrieg wurde dann vollends deutlich, daß die kommunistischen „Antifaschisten“ mehr an der Verfolgung ihrer tatsächlichen oder auch nur angeblichen Konkurrenten innerhalb der Linken als an der Bekämpfung des ‚eigentlichen‘ Faschismus interessiert waren. Vor allem in Katalonien haben spanische Kommunisten mit Unterstützung sowjetischer Geheimpolizisten einen grausamen Terrorfeldzug gegen die als trotzkistisch angesehene POUM geführt. Verschiedene Sympathisanten und Anhänger des Kommunismus wollten zu diesen Verbrechen nicht schweigen, sondern haben sie in autobiographischen und literarischen Werken beschrieben und mit denen der Faschisten verglichen. Diese, wie sie von den Kommunisten verächtlich genannt wurden, „Renegaten“ repräsentierten einen linken, d. h. antifaschistisch und antikommunistisch zugleich geprägten Strang der Totalitarismusdiskussion.

Ein anderer wurde ebenfalls schon am Ende der 30er Jahre von überzeugten Demokraten und Liberalen gebildet, die eindringlich darauf hinwiesen, daß die parlamentarische Demokratie von linken wie rechten Antidemokraten gleichermaßen bedroht werde. Um diese „totalitären“ Kräfte auch im Innern wirksam bekämpfen zu können, sei die Errichtung einer „militanten“ bzw. „wehrhaften Demokratie“ notwendig. Dieses ‚demokratische Totalitarismuskonzept‘ prägte nach 1945 das Selbstverständnis der (alten) Bundesrepublik, die sich als antitotalitärer Staat verstand. Hier erhielt die Totalitarismustheorie den Charakter einer Staatsideologie.

In den anderen westlichen Demokratien war dies anders. In den USA fühlte man sich allenfalls im außenpolitischen Bereich von dem Expansionsdrang der Sowjetunion bedroht, den man mit politischen und vor allem wirtschaftlichen Methoden „einzudämmen“ trachtete. In Frankreich war noch nicht einmal dies der Fall. Hier waren die meinungsbildenden linken Intellektuellen bis weit in die 70er Jahre hinein mehr antiamerikanisch als antikommunistisch orientiert und hielten an dem antifaschistischen Volksfrontkonzept von 1936 fest, das die Kommunisten wie selbstverständlich einschloß. Erst Ende der 70er Jahre kam es in Frankreich zu einem Meinungswandel, weil man durch Alexander Solschenizyns „Archipel Gulag“ darüber belehrt wurde, wie verbrecherisch das Regime des vorher noch ziemlich einhellig bewunderten Stalin tatsächlich gewesen war. Jetzt wurden auch in Frankreich sowohl die ‚linken‘ wie die ‚demokratisch-parlamentarischen‘ Varianten der Totalitarismustheorie rezipiert. Dies geschah in einer Zeit, als sich die USA vom Kalten Krieg verabschiedeten und zur Entspannungspolitik übergingen, was dazu führte, daß die Sowjetunion nicht nur entdämonisiert, sondern geradezu ,enttotalitarisiert' wurde.

Wie meist schloß man sich in der Bundesrepublik nicht Frankreich, sondern Amerika an. Die sozialliberale Koalition betrieb sogar eine noch konsequentere Entspannungspolitik, an der sie und die nachfolgende Kohl-Regierung auch dann noch festhielt, als die amerikanische Vormacht unter der Präsidentschaft Ronald Reagans in den 80er Jahren wieder eine harte Linie gegenüber der Sowjetunion verfolgte, was an die Zeit des überwunden geglaubten Kalten Krieges erinnerte. In der Bundesrepublik kam es dagegen weder im außen- noch im innenpolitischen Bereich zu einer Neuauflage des Kalten Krieges. Der bis Ende der 60er Jahre betriebene strikt antikommunistische Kurs wurde statt dessen wesentlich gelockert, wovon unter anderem die faktische Relegalisierung der KPD, bzw. wie sie sich nun nannte, der DKP zeugte. Vielleicht noch wichtiger war, daß das Totalitarismuskonzept in Wissenschaft und Unterricht weitgehend aufgegeben, ja teilweise durch das konkurrierende Faschismusmodell ersetzt wurde. Damit wurde das Selbstverständnis der Bundesrepublik als, wie gesagt, dezidiert antitotalitärer Staat in Frage gestellt.

Dies stieß jedoch auf die scharfe Kritik keineswegs nur von konservativen, sondern auch von einigen liberalen Beobachtern, die ernsthaft befürchteten, daß die politische Freiheit und damit der Grundgedanke der Verfassung bedroht sei. Völlig unbegründet war dies nicht. Waren doch einige meist selbsternannte „Antifaschisten" dazu übergegangen, auch eindeutig demokratisch orientierte Personen und Institutionen des demokratischen Verfassungsstaates als „faschistisch" zu denunzieren und mit verbalen und bald auch terroristischen Mitteln anzugreifen. Der Staat reagierte zwar auf diese terroristischen und extremistischen Bestrebungen von links mit überaus harten exekutiven und legislativen Maßnahmen wie der Verstärkung der Polizei, der Rücknahme einiger Reformen vor allem im universitären Bereich, der Einführung des sog. „Berufsverbots" und der Einschränkung der Versammlungs- und Pressefreiheit, doch dies war einigen rechten Politikern, Publizisten und Professoren nicht genug. Sie mahnten die Rückkehr zum „antitotalitären Grundkonsens" der 50er Jahre an.

Damit hatten sie zumindest in den 80er Jahren keinen Erfolg. Dies hatte mehrere Gründe. Einmal, weil, wie schon erwähnt, auch die konservativ-liberale Regierung den außenpolitischen Entspannungskurs fortsetzte. Zum anderen, weil sich auch im innen- und gesellschaftspolitischen Bereich der einmal eingeleitete Liberalisierungsprozeß als unumkehrbar erwies und die neuen sozialen Bewegungen, die sich für die Rechte der Frauen, den Schutz der Umwelt und eine möglichst weitgehende Abrüstung einsetzten, sowohl außerhalb wie innerhalb der Parlamente des Bundes und der Länder an Einfluß gewannen. Die Bundesrepublik war kein Provisorium mehr. Aus dem wegen und als Folge des Kalten Krieges entstandenen westdeutschen Teilstaat war eine weitgehend entspannte und allseits anerkannte „Zivilgesellschaft“ geworden, deren Anziehungskraft auf die Bürger der DDR jedoch nicht ab-, sondern immer mehr zunahm. Das alte primär antikommunistische Totalitarismuskonzept war damit funktionslos geworden.

Vielleicht noch wichtiger war ein drittes, wenn man will, geschichtspolitisches Moment. Gemeint ist die Interpretation und Rezeption der Geschichte des Dritten Reiches. Gerade in diesem Bereich kam es seit Ende der 70er Jahre zu deutlichen Wandlungen und Veränderungen, die hier nur ganz knapp und stichwortartig skizziert werden können. Zunächst einmal ist das rapide wachsende Interesse an der Geschichte des Dritten Reiches zu nennen. Dabei wandelte sich auch die Perspektive. Hatte man das Dritte Reich bisher mehr ‚von oben‘ beschrieben (und auf dieser Ebene mit der Sowjetunion verglichen), so wandten sich jetzt Fach- und – ebenfalls ein neues Phänomen – viele ‚Laienhistoriker‘ mehr und mehr der Lokal- und Alltagsgeschichte zu. Dabei wurde bewußt die Überwindung dessen angestrebt, was Alexander Mitscherlich mit dem vielzitierten Begriff der „Unfähigkeit zu trauern“ beklagt hatte. Die, wie das neue und bald völlig abgenutzte Schlagwort lautete, „emotionale Betroffenheit“ wurde jedoch nicht nur durch den Wechsel der Perspektive, sondern auch durch die Behandlung von Themenfeldern angestrebt, die zwar keineswegs unbekannt, aber bisher ziemlich vernachlässigt worden waren.

Dies galt vor allem für die Verfolgung der Juden und der anderen Opfer des nationalsozialistischen Rassismus. Eingeleitet wurde dieser Paradigmenwechsel, bei dem nicht mehr die Geschichte von „Verfolgung und Widerstand“ der Deutschen, sondern die Ermordung der (meist ausländischen) Juden, Sinti und Roma und Angehörigen der slavischen Völker sowie der sog. „Erbkranken“, „Asozialen“ und Homosexuellen im Mittelpunkt des Interesses standen, durch den 1978 ausgestrahlten TV-Film „Holocaust“.

Damit wurde zugleich die Gewichtung verschoben. Die Geschichte des Dritten Reiches wurde gewissermaßen auf den Holocaust fixiert. Darüber hinaus setzte sich die Erkenntnis durch, daß Auschwitz der Zentralpunkt der deutschen und europäischen Geschichte dieses Jahrhunderts gewesen ist. Auschwitz und der Holocaust und nicht die Verbrechen der totalitären Diktaturen seien die signatura temporis. Genau dies wurde 1986 von Ernst Nolte bestritten, der die These vertrat, daß der Archipel Gulag „ursprünglicher als Auschwitz" gewesen sei, weshalb Hitler seine Verbrechen – Nolte sprach von „asiatischer Tat" – gewissermaßen ‚nur' in präventiver Absicht begangen hätte. Diese Radikalisierung der Totalitarismustheorie löste den „Historikerstreit" aus, in dem sich zunächst fast alle Teilnehmer für die Singularität des Holocaust und damit zugleich gegen die Vergleichbarkeit des Dritten Reiches aussprachen.

Dies hat sich nach dem Zusammenbruch des Kommunismus und nach der Vereinigung der beiden deutschen Staaten radikal geändert. Ähnlich wie in Frankreich und den USA, wo die sog. ‚Neo-Totalitaristen' Front gegen die „Revisionisten" machen, ist es auch im vereinten Deutschland zu einer Renaissance des Totalitarismusbegriffs gekommen, wobei das bisherige Vergleichsverbot durch ein Vergleichsgebot ersetzt worden ist. Dieser noch keineswegs unumstrittene Paradigmenwechsel ist genau wie die vorherigen in erster Linie politisch motiviert. Doch mit dieser Erklärung kann man sich nicht begnügen. Schließlich waren Totalitarismustheorien ja niemals nur Ideologien. Die Frage ist nur, ob sie sich als fähig erwiesen haben, die Empirie zu erklären. Und daran allein ist der Wert einer sozialwissenschaftlichen Theorie zu messen.

Auf die geistesgeschichtlich orientierten Totalitarismustheorien, die die Ursachen des modernen Totalitarismus auf frühere Erscheinungen wie den Imperialismus und Rassismus des 19. Jahrhunderts, die Ideen der Französischen Revolution, die Theorie Machiavellis, die mittelalterlichen Häresien oder gar die spätantike Gnosis zurückführen, trifft dies nur sehr bedingt zu. So interessant und geistreich die Deutungen der deutschen und europäischen Geistesgeschichte sind, wie sie von Hannah Arendt, Jacob L. Talmon, Erwin Faul, Eric Voegelin und vielen anderen vorgelegt worden sind, so wenig taugen sie für die konkrete Analyse der Funktionsweise „totalitärer" Staaten der jüngsten Vergangenheit. In der konkreten Kommunismus- und Nationalsozialismusforschung sind sie daher auch so gut wie gar nicht angewandt worden.

Dagegen abstrahieren die idealtypisch statischen Totalitarismusmodelle, wie sie vor allem von Carl Joachim Friedrich und Zbigniew Brzezinski entwickelt worden sind, von den durchaus unterschiedlichen geistesgeschichtlichen, sozialen und wirtschaftlichen Voraussetzungen und teilweise völlig konträren ideologischen Zielen der „totalitären" Regime. Wandlungen in diesen „totalitären" Staaten können zudem nicht begrifflich erfaßt und erklärt werden, ohne das theoretische Modell selber in Frage zu stellen. Hinzu kommt, daß einige Aspekte dieses 6-Punkte-Modells nicht in der historischen Realität der kommunistischen und faschistischen Regime anzutreffen sind. Dies gilt vor allem für die sog. Befehlswirtschaft, die im Dritten Reich überhaupt nicht vorhanden war, und für die Vermutung (!), daß faschistische wie kommunistische Regime einen monolithisch geschlossenen Charakter haben.

Die „essentialistischen" Deutungen des Aufstiegs und notwendigen Zerfalls der „totalitären" Staaten, wie sie jüngst von einigen amerikanischen ‚Neo-Traditionalisten' vorgelegt worden, sind dagegen bestenfalls rückwärts gewandte Prophezeiungen und erinnern in ihrer organizistischen Argumentation sehr an die unhistorischen Spekulationen Spenglers und anderer Anhänger der Konservativen Revolution. Ohne hier noch auf die nur in ersten Ansätzen entwickelten Theorien eines ‚Neo-Totalitarismus' einzugehen, der die scheinbar absolut siegreichen und völlig alternativlos gewordenen westlichen Demokratien bedrohen kann, ist zusammenfassend festzustellen, daß sich alle vier Varianten der Totalitarismustheorie innerhalb der konkreten Forschung als problematisch und unzureichend erwiesen haben.

Kann und soll man daher auf Totalitarismustheorien verzichten und eine theorielose vergleichende Totalitarismusforschung betreiben? Auf den ersten Blick wirkt diese Alternative sehr einleuchtend. Tatsächlich werden innerhalb der neuen DDR-Forschung bereits Vergleiche zwischen der DDR und dem Dritten Reich insgesamt oder zwischen einigen Politikbereichen wie der Rolle der jeweiligen Jugendorganisationen oder der Funktion der Terrororgane gezogen. Dabei wurde unter anderem festgestellt, daß die FDJ über mehr Einfluß verfügte als die HJ, weil sie auch in den Schulen präsent war. Andererseits war die Anziehungskraft der FDJ schon deshalb geringer, weil ihre Funktionäre teilweise schon ein recht hohes Alter erreicht hatten, während im NS-Staat das Prinzip „Jugend führt Jugend" galt. Unterschiede und Gemeinsamkeiten gibt es auch zwischen Gestapo und Stasi. Während die Stasi ein Heer von „informellen Mitarbeitern" unterhielt, konnte sich die Gestapo auf die Denunziationsbereitschaft der „Partei-" und „Volksgenossen" verlassen. Dabei muß man jedoch wissen, daß die Funktion der Stasi im Dritten Reich keineswegs nur von der Gestapo, sondern auch vom SD, der militärischen Abwehr und Teilen der Kriminalpolizei erfüllt wurde.

Wenn man diese und andere Vergleiche anstellt, abstrahiert man vom nationalsozialistischen Rassenkrieg und Rassenmord, für den es in der DDR kein Äquivalent gab. Kann und darf man von Auschwitz abstrahieren? Führen Vergleiche zwischen der kleinen DDR und dem „Großdeutschen Reich“ nicht automatisch zu einer strukturellen Relativierung der Schrecken des nationalsozialistischen „Rassenstaates“? Ich meine, daß dies so ist, und plädiere daher dafür, von diesen Vergleichen Abstand zu nehmen oder zumindest eine Theorie aufzustellen, durch die die Möglichkeiten und Grenzen derartiger Diktaturvergleiche bestimmt werden.

Da die alten Totalitarismustheorien gerade dies nicht leisten, muß eine neue entwickelt werden. Sie darf keinen idealtypisch statischen Charakter haben, weil sich gezeigt hat, daß auch totalitäre Diktaturen wandlungsfähig sind. Sie muß die unterschiedlichen Voraussetzungen und konträren ideologischen Zielsetzungen der einzelnen „totalitären“ Regime berücksichtigen. Sie muß der historischen Bedeutung des Holocaust gerecht werden und darf nicht zu aufrechnenden Vergleichen zwischen den Verbrechen der jeweiligen Totalitarismen führen oder diese begünstigen. Dies verbietet der Respekt vor den Opfern. Neben diesen, wenn man will, ethischen Beweggründen, kann eine derartige ‚neue Totalitarismustheorie‘ durchaus politisch wertende Momente enthalten und deutlich machen, daß und warum es legitim und notwendig ist, die parlamentarische Demokratie gegen ihre Feinde zu verteidigen. Das heißt in anderen Worten, daß die Totalitarismus- mit einer Demokratietheorie verbunden werden sollte.

Eine derartige ‚neue Totalitarismustheorie‘ zu entwerfen fühle ich mich nicht berufen. Die bisherigen Totalitarismustheorien sind, so mein kritisches Fazit, mehr in ideologiegeschichtlicher als in wissenschaftlicher Hinsicht interessant, weil sie wenig zur Erklärung der Geschichte des Totalitarismus beigetragen haben, aber viel über die deutsche und europäische Ideengeschichte dieses Jahrhunderts aussagen.

KOMMENTIERTE LITERATURHINWEISE

Arendt, Hannah: Elemente und Ursprünge totaler Herrschaft, Frankfurt/M. 1955 (zuerst 1951)
(In ihrer ‚klassischen' ideengeschichtlichen Studie leitet Arendt den Totalitarismus des 20. Jahrhunderts aus dem Imperialismus und Rassismus des 19. Jahrhunderts ab und erklärt Ideologie und Terror zu den wichtigsten und zugleich gemeinsamen Elementen der „totalitären" Regime in Deutschland und der Sowjetunion. Dort sei die Phase des Totalitarismus mit dem Tod Stalins zu Ende gegangen.)

Backes, Uwe/Jesse, Eckhard (Hrsg.): Totalitarismus – Extremismus – Terrorismus. Ein Literaturführer und Wegweiser im Lichte deutscher Erfahrungen, Opladen 2. Aufl. 1985
(Es handelt sich um drei Sammelrezensionen, in denen Arbeiten über die drei im Titel genannten unterschiedlichen historischen Phänomene besprochen werden, die am Ende der 70er und zu Beginn der 80er Jahre erschienen sind.)

Bracher, Karl Dietrich/Sauer, Wolfgang/Schulz, Gerhard: Die nationalsozialistische Machtergreifung. Studien zur Errichtung des totalitären Herrschaftssystems 1933/34, Opladen 2. Aufl. 1962
(Dieser Band ist in die Wissenschaftsgeschichte eingegangen, weil er das erste und lange Zeit beste Werk zu sog. „Machtergreifung" war und weil hier zum ersten Mal die von amerikanischen Politologen entwickelte Totalitarismustheorie auf die Erforschung der Geschichte des Nationalsozialismus angewandt wurde.)

Bracher, Karl Dietrich: Zeitgeschichtliche Kontroversen. Um Faschismus, Totalitarismus, Demokratie, München–Zürich 5. Aufl. 1984
(Bracher plädiert hier vehement für die Beibehaltung des Totalitarismuskonzepts, um gleichzeitig die Legitimität eines generischen Faschismusbegriffs zu bestreiten.)

Bracher, Karl Dietrich: Europa in der Krise, Frankfurt/M. 1979
(Diese Geschichte Europas im 20. Jahrhundert hat den Charakter einer historisch beschreibenden Totalitarismustheorie.)

Bracher, Karl Dietrich: Die totalitäre Erfahrung, München 1987
(In diesem Überblick über die deutsche Geschichte dieses Jahrhunderts zieht Bracher das Fazit seiner vierzigjährigen Beschäftigung mit dem Totalitarismus, den er vom Standpunkt der pluralistischen Demokratie scharf verurteilt.)

Friedrich, Carl J. unter Mitarbeit von Zbigniew Brzezinski: Totalitäre Diktatur, Stuttgart 1957

(Das von Friedrich und Brzezinski hier entwickelte idealtypisch statische Totalitarismusmodell hat einen prägenden Einfluß auf die Kommunismus-, weniger jedoch auf die Nationalsozialismusforschung ausgeübt, bis es dann ziemlich einhellig kritisiert wurde, um schließlich seit dem Untergang des Kommunismus erneut rezipiert zu werden.)

Funke, Manfred: Totalitarismus. Ein Studien-Reader zur Herrschaftsanalyse moderner Diktaturen, Düsseldorf 1978
(Es handelt sich um eine Sammlung von Aufsätzen, in denen das Totalitarismuskonzept überwiegend verteidigt wird.)

Glaessner, Gert-Joachim: Kommunismus – Totalitarismus – Demokratie. Studien zu einer säkularen Auseinandersetzung, Frankfurt/M. 1995
(Glaessner gehörte zu den DDR-Forschern, die im SED-Staat eine ‚nur' noch autoritäre Diktatur sahen. Insofern ist es etwas überraschend, wenn er sich in diesem Buch, wenn auch zögerlich, wieder zum Totalitarismuskonzept bekennt.)

Grebing, Helga: Linkradikalismus gleich Rechtsradikalismus. Eine falsche Gleichung, Stuttgart 1971
(Die Expertin für die Geschichte der deutschen Arbeiterbewegung kritisiert mit scharfen und auch heute noch bedenkenswerten Argumenten das Totalitarismuskonzept.)

Greiffenhagen, Martin/Kühnl, Reinhard/Müller, Johann Baptist: Totalitarismus. Zur Problematik eines politischen Begriffs, München 1972
(Die Autoren dieses schmalen Bändchens sind der Meinung, daß es sich beim Totalitarismus mehr um einen politischen Begriff als um eine wissenschaftliche Theorie handelt.)

Historikerstreit. Die Dokumentation der Kontroverse um die Einzigartigkeit der nationalsozialistischen Judenvernichtung, München 1987
(Dokumentation der Artikel zur Streitfrage, ob der Holocaust singulär gewesen war, wobei sich erstaunlicherweise nur einige wenige der Kontrahenten mit der Frage nach der Legitimität des Totalitarismusbegriffs beschäftigt haben.)

Institut für Zeitgeschichte (Hrsg.): Totalitarismus und Faschismus. Eine wissenschaftliche und politische Begriffskontroverse, München 1980
(Das knappe Buch enthält die Referate und Diskussionen einer vom Institut für Zeitgeschichte veranstalteten Konferenz, auf der sich die meisten Referenten und Diskutanten gegen den Totalitarismusbegriff ausgesprochen haben. Einige von ihnen haben inzwischen ihre Meinung radikal geändert.)

Jänicke, Martin: Totalitäre Herrschaft. Anatomie eines politischen Begriffs, Berlin 1971
(Es handelt sich um eine gründliche und materialreiche, aber teilweise schwer verständliche Studie über die Entwicklung der Totalitarismusdiskussion von den Anfängen bis zum Ende der 60er Jahre.)

Jesse, Eckhard (Hrsg.): Totalitarismus im 20. Jahrhundert. Eine Bilanz der internationalen Forschung, Bonn 1996
(Der Band enthält einige wichtige Beiträge zur Totalitarismusproblematik,

die seit den 70er Jahren erschienen sind. Die Anordnung ist jedoch sehr verwirrend und die Einleitung viel zu knapp, weshalb der Band weit von einer wirklichen „Bilanz der internationalen Forschung" entfernt ist.)

Kershaw, Ian: Der NS-Staat. Geschichtsinterpretationen und Kontroversen im Überblick, Hamburg 2. Aufl. 1994
(Im Rahmen der allgemeinen Kontroversen über das Dritte Reich geht der englische Historiker auch auf die Totalitarismustheorie ein, deren Anwendung auf den NS-Staat abgelehnt wird, wobei Kershaw jedoch auf einen Vergleich mit den kommunistischen Staaten weitgehend verzichtet.)

Kühnhardt, Ludgar u. a. (Hrsg.): Die doppelte deutsche Diktaturerfahrung. Drittes Reich und DDR – ein historisch-politikwissenschaftlicher Vergleich, Frankfurt/M. 1994
(In diesem von Studenten und Assistenten der Universität Freiburg verfaßten Sammelband werden einzelne Politikbereiche des Dritten Reiches und der DDR miteinander verglichen, ohne daß sich die Autoren näher mit den Vor- und Nachteilen der Totalitarismustheorien auseinandergesetzt hätten.)

Lindt, Andreas: Das Zeitalter des Totalitarismus. Politische Heilslehren und ökumenischer Aufbruch, Stuttgart 1981
(Es handelt sich eigentlich nicht um eine Geschichte des Totalitarismus, sondern um eine Darstellung der politischen und ideologischen Auseinandersetzung der Kirchen vornehmlich mit dem Faschismus und Nationalsozialismus, wobei die Bewertung des Verhaltens der Kirchen viel zu positiv ausfällt.)

Löw, Konrad (Hrsg.): Totalitarismus, München 3. Aufl. 1993
(Eine Sammlung von Beiträgen vornehmlich konservativer Autoren, die sich primär aus politischen Gründen für das Totalitarismuskonzept einsetzen.)

Lozek, Gerhard (Hrsg.): Die Totalitarismus-Doktrin im Antikommunimus. Kritik einer Grundkomponente bürgerlicher Ideologie, Berlin 1985
(Eines der wenigen Werke, in dem sich DDR-Historiker näher mit dem Totalitarismuskonzept auseinandergesetzt haben. Dabei werden im wesentlichen nur die ideologischen antikommunistischen Aspekte erkannt und entsprechend scharf kritisiert. Die wissenschaftliche Bedeutung der Totalitarismustheorien wird jedoch verkannt.)

Maier, Hans (Hrsg.): „Totalitarismus" und „Politische Religionen". Konzepte des Diktaturvergleiches, Paderborn 1996
(Die meisten Beiträge beschäftigen sich mit einzelnen Theoretikern und Phasen in der Theoriegeschichte des Totalitarismus. Andere plädieren für die Beibehaltung der ‚klassischen' Totalitarismustheorien, wobei sich der Herausgeber Maier vor allem für eine Rezeption des von Eric Voegelin entwikkelten Konzepts der „Politischen Religion" einsetzt. Doch all dies bleibt ziemlich unverbunden und weit von einem wirklich anwendbaren Konzept für einen umfassenden Diktaturvergleich entfernt.)

Schlangen, Walter: Die Totalitarismus-Theorie. Entwicklung und Probleme, Stuttgart 1976
(Knapper, aber sehr kenntnisreicher Überblick über die Entwicklung der

Totalitarismusdiskussion, der immer noch sehr nützlich ist, obwohl er naturgemäß nur bis Anfang der 70er Jahre reicht.)

Seidel, Bruno/Jenkner, Siegfried (Hrsg.): Wege der Totalitarismus-Forschung, Darmstadt 1968
(Dieser in der Reihe „Wege der Forschung" der WB erschienene Sammelband ist zum ‚Klassiker' geworden, weil er die wohl wichtigsten Beiträge zur Totalitarismusdiskussion von den Anfängen bis in die 60er Jahre hinein enthält. Im Mittelpunkt steht die Auseinandersetzung mit dem Totalitarismusmodell von Friedrich und Brzezinski.)

Talmon, Jacob L.: Die Ursprünge der totalitären Demokratie, Köln–Opladen 1961

Talmon, Jacob L.: Politischer Messianismus. Die romantische Phase, Köln–Opladen 1963

Talmon, Jacob L.: The Myth of Nation and the Vision of Revolution. The origins of Totalitarian Polarisation in the Twentieth Century, London 1981
(Diese drei Bände des israelischen Ideenhistorikers Talmon über die geistesgeschichtlichen Ursprünge des Totalitarismus von der Französischen Revolution bis zum Bolschewismus und Faschismus sind neben den Werken von Arendt und Voegelin die wichtigsten Beispiele der ideengeschichtlich orientierten Totalitarismustheorien.)

Voegelin, Eric: Die politischen Religionen, Wien 1938; Neuauflage München 1993
(Das von Voegelin entwickelte geistesgeschichtlich orientierte Konzept der „Politischen Religionen" erlebt heute eine gewisse Renaissance, nachdem es lange Zeit so gut wie vergessen war.)

Wehler, Hans-Ulrich: Entsorgung der deutschen Vergangenheit? Ein polemischer Essay zum „Historikerstreit", München 1988
(In seiner scharfen Kritik an den Thesen Noltes und einiger anderer Historiker ist Wehler erstaunlich knapp auf die Vor- und Nachteile des Totalitarismuskonzepts eingegangen, obwohl es eigentlich im Zentrum des „Historikerstreits" stand.

Wippermann, Wolfgang: Faschismustheorien. Zur Entwicklung der Diskussion von den Anfängen bis heute, Darmstadt 7., überarbeitete Auflage 1997
(In diesem zuerst 1972 erschienenen und seitdem mehrfach veränderten und völlig neu bearbeiteten Band findet man auch eine knappe Geschichte der Totalitarismustheorien und eine kritische Auseinandersetzung mit ihren Vor- und Nachteilen.)

Wippermann, Wolfgang: Wessen Schuld? Vom Historikerstreit zur Goldhagen-Kontroverse, Berlin 1997
(Ein Kapitel dieses kritischen Überblicks über die geschichtspolitische Diskussion seit dem „Historikerstreit" beschäftigt sich mit Renaissance und Radikalisierung des Totalitarismuskonzepts.)

AUTOREN- UND PERSONENREGISTER